Chroniques
des petits abus de pouvoir

Régine Dhoquois et Anne Zelensky

Chroniques
des petits abus de pouvoir

L'Harmattan

© L'Harmattan, 2010
5-7, rue de l'École-Polytechnique ; 75005 Paris

http://www.librairieharmattan.com
diffusion.harmattan@wanadoo.fr
harmattan1@wanadoo.fr

ISBN : 978-2-296-12877-4
EAN : 9782296128774

« *Nous croyons que le pouvoir est toujours un. Et pourtant si le pouvoir était pluriel comme les démons ? Mon nom est légion pourrait-il dire : partout de tous côtés, des chefs, des appareils massifs ou minuscules, des groupes d'oppression ou de pression, partout des « voix autorisées », qui s'autorisent à faire entendre le discours de tout pouvoir, le discours de l'arrogance.* »

Roland Barthes,
Leçon inaugurale au Collège de France,
Paris, Le Seuil

Prologue

Le pouvoir est pluriel. C'est de la multiplicité et de la diversité des abus d'arrogance que nous avons voulu rendre compte dans cet essai. Pour cela, nous avons observé les couples, les familles, les groupes d'amis, certains débats universitaires, des actions politiques « spontanées ». Nous avons tenté de mettre en scène le fonctionnement d'associations. Ces viviers de pouvoirs autoproclamés souvent dérisoires, finissent par miner l'harmonie collective, du point de vue des militants de base.

Après avoir observé les comportements d'autrui nous avons tenu à éclaircir dans deux textes distincts notre rapport personnel au pouvoir, qui on le verra, est fort différent.

Cet essai est un objet hybride, un mélange de réflexion théorique et de fiction, cette dernière nous ayant paru être le meilleur vecteur de description des petites foires aux vanités qui occupent une grande partie de notre temps et de notre espace vital.

Nous avons voulu montrer dans ces récits, qui empruntent largement à la réalité, le fonctionnement basique de l'arrogance, au sens étymologique du terme : « demander pour soi, s'approprier ». Elles décrivent des situations dans lesquelles des personnes décident consciemment ou inconsciemment de ne pas écouter l'autre, de confisquer la parole, de refuser le dialogue, d'abuser de leur pouvoir, de faire preuve de suffisance à l'égard notamment de gens dont ils supposent qu'ils ne peuvent pas leur être utiles.

Dès qu'il y a groupe, c'est-à-dire deux personnes, il peut y avoir une forme d'abus de pouvoir. Nous avons délibérément choisi des groupes où il n'y a pas de règle, pas de droit, pas d'arbitre, pas de contrat. Il semble que, pour beaucoup de gens, l'idée de contrat abolisse la notion idyllique d'amour. Nous pensons pour notre part que toute relation humaine doit être fondée sur des règles, certes non écrites mais qui posent en principe le respect de l'autre.

Le terme « pouvoir » est polysémique. On peut avoir le pouvoir de faire une action utile. Il est souvent nécessaire pour organiser un groupe, une réforme. C'est pourquoi, nous n'avons pas voulu dans cet ouvrage traiter du pouvoir en général. D'autres s'en sont chargés.

Ce que nous visons dans nos nouvelles renvoie à l'obsession des hiérarchies et des rapports de force. Cette obsession peut entraîner la mise à l'écart, le déni, voire l'invisibilité de tous ceux qui n'entrent pas dans le projet d'un ou de plusieurs individus, que ce projet soit amical, familial, politique, social.

Il est probable que notre appartenance commune dès 1970, au Mouvement de libération des femmes nous a sensibilisé à ce type de comportements. D'abord parce qu'il est fréquemment l'apanage des hommes et que le besoin de se retrouver dans la non mixité a répondu à ce refus viscéral des donneurs de leçons, des êtres pétris de certitudes, pour qui le doute n'est pas une valeur essentielle. Nous avons appris rapidement que ces comportements n'épargnaient pas certaines femmes. Mais dans les premières années du MLF, les plus riches, nous avons combattu les hiérarchies, tenté de nous écouter, d'établir au sein des multiples groupes qui l'ont composé des dialogues et inventé d'autres groupes quand le dialogue devenait impossible dans l'un d'entre eux. Nous avons compris en tant que femmes habituées à s'occuper de tâches quotidiennes que les situations les plus banales pouvaient avoir une signification politique. « Le privé est politique », disions-nous à l'époque.

Il ne s'agit pas de tomber dans l'hagiographie. Très rapidement, le MLF a eu ses cheftaines, ses prises de pouvoir, ses scissions. Pour celles qui ont résisté, le spectacle de cette décadence a servi de leçon politique. Tout groupe est susceptible à un moment donné d'être pris en otage par des amoureux du pouvoir, même quand il n'y a aucun enjeu, fut-il symbolique.

Enfin, l'autre leçon que nous avons tirée de notre passage au MLF est que l'action résolue des femmes a permis de modifier profondément leur situation : avortement, contraception, viol, divorce, autonomie... Beaucoup de ces combats ont été gagnés dans la rue, dans la désobéissance civile et sans apparatchiks.

Depuis quarante ans nous avons participé à de multiples combats, pour la paix ici ou là, pour la laïcité, contre l'oppression des femmes qui perdure pour des millions d'entre elles à la surface de la planète. Et puis nous avons vécu, aimé, observé et nous avons retrouvé souvent les mesquineries, la foire aux vanités, l'absence de dialogue, la non écoute, la servitude volontaire.

Si nous avons perdu quelques illusions, nous avons conservé l'essentiel de notre volonté de changement social. Nous avions appris au MLF qu'il nous fallait entreprendre un combat séculaire, interminable contre la domination des femmes, qui passait par le changement des rapports entre les deux sexes au quotidien. Nos luttes n'étaient pas des luttes politiques au sens étroit du terme. Elles concernaient aussi les relations interindividuelles.

Nous savions que tout changement social profond ne pouvait faire l'économie d'une prise de conscience par les femmes et les hommes de leurs travers, de leurs égoïsmes, de leur narcissisme, de leur violence, de leur autoritarisme, de leur fascination pour le pouvoir.

La littérature, le cinéma ont traité des vanités, des ambitions, des jalousies, des humiliations bien mieux que ne pourront jamais le faire des sociologues. Que l'on pense au *Cousin Pons* de Balzac, à *Un coeur simple* de Flaubert mais aussi au cinéma italien des années 60 sur l'incommunicabilité, ou aux héros pétris de préjugés d'Agnès Jaoui, ou encore à la méchanceté familiale dans le film d'Etienne Chatillez, *Tatie Danielle*.

Nous n'avions pas la prétention de croire que nous pourrions faire aussi bien. Nous souhaitions qu'au travers des situations décrites, en aucun cas exhaustives, pointe le ridicule, qui ne nous épargne pas. Cela dit, il est plus facile de voir la paille qui est dans l'œil de l'autre que la poutre qui est dans le nôtre.

L'un des autres pièges que nous devions éviter était un pessimisme excessif qui consisterait à penser que tous les êtres humains ne songent qu'à leurs petites ambitions. C'est faux. Il peut y avoir de la générosité, du don, de la solidarité parfois mélangés à de la convoitise, à de l'abjection, à une volonté d'humilier. Si la maxime *Homo homini lupus* était totalement juste, aucune construction sociale n'aurait été possible.

Enfin le dernier écueil résultait de nos incertitudes sur les explications théoriques des comportements négateurs de l'Autre. Beaucoup de livres ont été écrits sur la question. Ils ne l'épuisent pas. Nous avancerons simplement ici les concepts de pulsion de mort, besoin de reconnaissance, besoin d'amour, jalousie, narcissisme, régression infantile, peur et sans doute aussi, manque de confiance en soi maquillé en autoritarisme.

Si nous accordons tant d'importance à ces comportements d'arrogance élémentaires, c'est parce que nous faisons l'hypothèse qu'il existe un fil ténu, une continuité entre eux et les plus graves dysfonctionnements politiques et sociaux. Comment peut-on construire une véritable démocratie avec des individus (situés aussi bien à droite qu'à gauche sur l'échiquier politique) confits dans leurs prétentions et leur plate certitude de toujours avoir raison ?

A côté de notre hypothèse figure un postulat anti-libéral : l'égoïsme de chacun ne produit pas le bonheur collectif. La crise sociale que nous traversons a attiré l'attention sur la nécessité d'une régulation de l'économie. Il nous faut aussi apprendre à réguler nos affects quand ils nous conduisent à marginaliser ou instrumentaliser autrui à notre unique profit.

1

Moi, je

Chaque fois que le mot « Jules » n'est pas suivi du mot « Renard », j'ai du chagrin.

Jules Renard

Tout commence par moi.

Devenir adulte revient à prendre du recul par rapport à ce moi, en acceptant de ne plus être le centre du monde. Beaucoup d'entre nous n'arrivent pas à opérer cette transformation qui fait intervenir l'autre dans son champ de vision. Au-delà du sexe, de la race, de la catégorie sociale, de l'étiquette politique, c'est sans doute une marque distinctive. Bien sûr, on recrute la majorité des « moi je » parmi les dominants.

Mais ce n'est pas une loi. Au contraire même, c'est peut-être sous les apparences les plus inattendues que se cachent les plus terroristes d'entre nous. C'est ainsi qu'ils piègent les autres. Comment un homme ou une femme de gauche, qui prône la tolérance et le respect de son prochain, peut-il/elle se comporter comme le pire des dictateurs ? On préfère éluder cette gênante évidence, et comme souvent, les impressions personnelles cèdent le pas devant le label. On ne veut pas voir que cette personne estampillée progressiste, bardée de diplômes, personnalité de la vie associative engagée dans les plus nobles causes, ne vous laisse pas en placer une et vous traite comme un laquais. Il y a des façons de tenir l'autre sous le fusil qui n'ont pas besoin d'arme : un art de s'imposer en jouant sur votre lassitude, votre lâcheté ou votre impuissance.

Il n'y a de parade que le mutisme, la fuite ou l'estocade. Cette dernière est totalement inopérante. Au mieux, elle vous permettra de reprendre la parole manu militari quelques minutes, au pire c'est vous qui passerez pour un agressif, voire un dingue.

Car le « moi, je » a toujours raison.

2

Un certain terrorisme

> *En cette école du commerce des hommes, j'ai souvent remarqué ce vice, qu'au lieu de prendre connaissance d'autrui, nous ne travaillons qu'à la donner de nous, et sommes plus en peine d'employer notre marchandise que d'en acquérir de nouvelles. Le silence et la modestie sont qualités commodes à la conversation.*
>
> Montaigne

Renée est entrée dans ma vie, par le biais de son livre, très exactement en 1966, lors de sa parution. C'est celui que j'attendais comme d'autres attendent le Prince charmant. Mais celui-là ne risquait pas de me décevoir, à la différence de mes ersatz de Princes, que j'avais collectionné. Le livre est resté dans ma bibliothèque, résistant à tous les déboulonnages successifs de ses confrères. Renée, elle aussi, est restée dans ma vie. Non sans grincements de dents de ma part. De son côté, c'était constance et affection, auxquelles je répondais souvent rudement. Il faut dire que contrairement à son livre, elle excitait en moi ce hérissement, qui, chez des espèces moins évoluées que la nôtre, se manifeste physiquement par une levée générale des poils, fourrure ou duvet tapissant le corps. Le canal privilégié de cette allergie était sa voix. Une voix aiguë qui vous fouaillait l'oreille, sans répit. Qui déversait sans se laisser le temps de la respiration, des assertions, affirmations, condamnations, jugements, vérités incontestables.

Ouf ! Sans doute son livre en contenait, mais comme elles allaient dans le sens de mon poil, je n'y avais vu aucun inconvénient. Et puis une chose est de lire une fois ou deux, de l'affirmation péremptoire, autre chose est de l'entendre répéter, au fil des ans, à chaque rencontre. Mais surtout la fréquentation d'un livre suppose obligatoirement qu'il y en ait un qui se taise, quitte à exhaler en solo ses sentiments personnels. Quand on est en présence, on attend par contre, qu'il y ait va et vient entre les interlocuteurs. Eh bien, nenni ! Renée était tout entière à sa proie attachée : quand elle s'en prenait à quelque chose ou à quelqu'un, c'était à fond. Le quelqu'un était annihilé et réduit à la seule fonction d'oreille. Une oreille martyrisée par les sons dont j'ai dit déjà la spéciale acuité, la stridence très soutenue. Vous n'étiez plus alors que cette oreille hypertrophiée sur un corps de Lilliput, juste bon à la porter. Et malheur à vous si vous tentiez de faire fonctionner cette partie de votre individu, qui sert à émettre des sons : la bouche. Seules étaient admises les émissions vocales approbatrices. Toute tentative de contradiction était refoulée sans merci, noyée immédiatement sous un redoublement de stridences désapprobatrices. Écoute et tais toi ou approuve !

Seul le recours à la gueulante caractérisée pouvait alors vous permettre d'exprimer votre point de vue. Trois personnes sont arrivées ainsi, tout au moins à ma connaissance, à résister et encore très provisoirement, aux tirs verbaux de Renée : son époux, moi-même et un gendarme à la retraite, voisin de sa maison à la campagne.

J'ai été abasourdie de constater comment elle se faisait petite et timide devant la belle assurance de cet homme, grand de taille et fort en gueule. Il était tellement accoutumé visiblement à occuper depuis toujours l'espace, qu'il l'occupait. Je le revois, tonitruant dans la cuisine de la grande maison, debout, pour que porte mieux sa mâle voix habituée à ordonner, le geste ample. Renée, assise dans un fauteuil, écoutait et approuvait par petits gloussements. Quand elle se hasardait à poser une question, il la balayait d'un revers de main et y répondait à son heure, après en avoir fini avec sa péroraison en cours. Il faut dire qu'il en imposait à Renée dans des domaines qui n'étaient pas les siens : le jardinage, la protection des chaumières, entre autres celle de Renée, quand elle regagnait la capitale, sa science de la délinquance, qui sévit désormais dans les campagnes, sa connaissance des chiens et des animaux en général. Et puis ce n'était pas un proche. Tandis que le mari de Renée, et moi-même, faisions partie des proches, ce qui explique sans doute ses débordements verbaux, tant il est vrai que nous réservons le pire de nous-mêmes à nos proches. Effet de la confiance que nous leur faisons et du laisser aller qui l'accompagne ?

Je vois que je m'obnubile quelque peu sur la tendance logorrhéique de la chère femme, au détriment d'une description plus nuancée et complète du personnage. Je vous fais un tableau psychique d'elle à la Botero, alors qu'elle avait physiquement la finesse d'un Buffet. Mais l'art ne consiste-il pas à capter dans un être ce qui en fait pour nous son essence ? Renée était, quand je l'ai connue, une femme mince, d'aspect nerveux, le visage fin qui aurait été plaisant sans cette impression de sévérité qui en émanait. Pli contraint de la bouche, comme pour s'empêcher d'émettre autre chose que de doctes propos, regard inquiet derrière les lunettes, toute une contention s'était imprimée dans ces traits réguliers. Elle était toute tension, cette femme, de cette tension qu'on s'impose pour ne pas céder aux relâchements de l'abandon, tension qui épuise les muscles et imprime sa marque dans les chairs, aussi sûrement que les douleurs consécutives, parfois, aux douceurs du lâcher prise. Mais par en dessous, on flairait une sensibilité d'autant plus tenue en laisse qu'elle devait déborder, on suspectait des insatisfactions sensuelles, qui n'étaient pas seulement dues à la maîtrise de soi.

J'avais vite reconnu chez Renée une paire – pairesse ? – en révolte, d'autant plus touchante qu'elle était plus âgée que moi, qu'elle avait dû en baver beaucoup plus, vu l'époque, à cause de ses « idées » et de ses écrits. J'allais apprendre très vite, après l'avoir approchée, que sa réputation de chercheuse, pourtant méritante, était entachée d'opprobre. La pire qui soit pour une femme. Elle était, oui, elle était féministe. Le ridicule ! Depuis toujours, les deux vont ensemble. N'empêche que sa carrière en souffrait en direct, qu'elle n'était toujours pas Directrice de recherche, alors que des jeunes gens, qui ne lui arrivaient pas professionnellement au bas du talon, l'avaient, leur bâton de maréchal. Si au moins, elle avait mis un peu d'eau dans son brut théorique, si surtout elle avait enrobé ses « idées » d'un sourire plus avenant, si elle avait offert au regard une miche moins raide, ils auraient souri condescendants – comment pouvez-vous être féministe avec ce sourire ? - et auraient passé l'éponge. Las ! Renée avait rayé de son programme les concessions à l'obsession de plaire, qui constitue le fond de pension de toute femme, alimenté par les magazines féminins. Cette séduction en kit n'a rien à voir avec le goût de séduire, qui vous vient naturellement quand quelqu'un déclenche en vous des effets spéciaux, très propices à un amollissement général.

Renée, elle-même, n'avait pas échappé à cette loi de l'instinct, très enrobée dans notre espèce, de divers papiers festifs et ficelles dorées. Je le savais pour lui avoir arraché une maigre confidence, une fois ou deux, pas plus. C'est qu'il fallait de la détermination et du souffle pour lui couper la chique sociologique, s'emparer par coup de force de la parole et, profitant du bref avantage, oser poser la question profane :

- Et toi, Renée, as-tu été amoureuse avant ton mari ?

Ma formule, hypocrite, évitait l'indiscrétion – style pendant le mari – mais elle tombait comme une météorite dans un champ de betteraves. Le temps d'un soupir, un silence arrivait même à se glisser, ô miracle. Puis Renée grommela que « oui, bien sûr ». En trente ans et des poussières de relation, je n'y suis arrivée que deux fois à lui extorquer des mini confidences.

La première, au début de notre rencontre. C'était chez un de mes fiancés, absent dans la journée, et chez qui je prenais mes quartiers en fin de semaine. Nous buvions le thé et elle parlait. Je ne sais plus comment - il y a si longtemps - la chose est venue sur le tapis. Sans doute par le biais de mes propres amours, auxquelles elle s'était toujours intéressée, seule occasion d'interrompre son monologue. Et là, à la faveur de l'atmosphère intime de cet après-midi feutré, elle a avoué un grand amour, qui s'était mal terminé. Il y avait même eu, je crois, une histoire d'avortement à la clé. Mais je ne le jurerai pas. On connaît les glissements de la mémoire.

Il a fallu ensuite attendre trente ans pour que j'ose à nouveau, dans un élan de vitalité, interrompre les considérations habituelles sur les infamies militaro-industrielles du Système, et susurrer :

- Depuis la mort d'Antoine – le mari –, tu n'as pas été amoureuse ?

La réponse a fusé :

- Mais j'ai été souvent amoureuse ! Avant Antoine. Et en ce moment, je suis amoureuse. Imaginez ma surprise. À la mesure de l'image que je me faisais d'elle et qu'elle entretenait avec soin, il faut dire.

- Mais je préfère ne pas en parler. Cela n'a aucun intérêt de parler de soi. Ça fait souffrir.

Vous pensez bien que je ne la lâchais pas ainsi. Elle n'allait pas, une fois de plus, me glisser entre les doigts, pour me resservir son éternelle soupe sociologico-antimilitariste. Pour une fois qu'on tenait un vrai sujet de conversation ! Le poisson était dur à ferrer. Je réussis à arracher quelques détails sur l'élu. Marié, plus jeune, heureux apparemment en ménage, vraiment bien physiquement et autrement. Mais elle ne voulait pas briser un ménage. En fait, elle ne savait pas s'il y avait correspondance de sentiments, il n'y avait jamais eu aveu, mais souffrance il y avait, en tout cas. Ma Minerve, que j'avais connu toujours casquée et armée, virait Phèdre, désespoir compris. Il y avait peu de chances pour que son Hyppolite levât un œil autre qu'amical sur elle. Renée devait être à deux ans de ses 80 printemps et on connaît la répugnance des messieurs pour l'âge, celui que prennent les femmes. Résultats des courses : elle ne pensait qu'à lui, elle souffrait et ça ne servait à rien.

J'avais beau alors lui servir le boniment tout fait :

- Mais c'est formidable ! Tu ressens des choses ! Ni elle ni moi n'en croyions un mot. Nous touchions une des vachardises de l'existence, une des pires , l'interdit non écrit d'être aimée et désirée par un homme, passé l'âge où l'on en a un certain. Je compatissais ferme, d'autant plus que pour une fois, une amorce de dialogue s'établissait entre nous. Renée écoutait ce que je lui disais et répondait. Une fois de plus, je me faisais la réflexion que la souffrance est vraiment l'attendrisseur numéro un des âmes humaines, que les quidams blindés sont infréquentables, mais qu'on peut leur trouver des circonstances atténuantes, vu les effets ravageurs de la douleur.

L'éclipse n'a pas duré longtemps. Renée est revenue à ses moutons. Et la voilà repartie à pourfendre par le verbe l'injustice, partout où elle était. Renée, malgré les ans, continuait à y aller, partout, au nom de la Recherche et grâce aux deniers qui la sustentent. Elle sillonnait la planète depuis des décennies, comme tant de nos chercheurs, aiguillonnés, non pas tant par la quête de la vérité que par le prurit de la bougeotte. Aux quatre coins de la Terre, bourgeonnent des colloques, où s'échangent de doctes propos in vivo, entre deux stations dans de bons hôtels trois étoiles, voire quatre. Et la vidéo conférence ? J'avais ouï dire que c'était désormais le moyen top de communiquer. Mais in fine, rien ne vaut le contact direct avec les collègues et l'immersion – rapide - dans le milieu local. Renée n'avait pas dérogé à la coutume. Elle y croyait dur comme fer à l'utilité de ces déplacements, au service de sa Recherche, qui avait évolué au fil du temps. De la sociologie de la famille, elle était passée à l'exploration et à la dénonciation du complexe militaro-industriel qui nous asservit, sans lâcher toutefois l'investigation des misères des femmes du tiers-monde. Inépuisables, les sujets. Du solide. Je comprenais qu'elle préfère nous entretenir de ces allées et venues et de ses rencontres avec les femmes d'ailleurs, plutôt que de s'épancher sur d'hypothétiques amours, obsession et frustration garanties.

D'autant que, depuis la mort du mari, elle était bien seule. Façon de parler. Elle n'avait jamais été que ça, seule, comme tant d'entre nous pour qui l'autre est une chimère avec laquelle ils mènent un simulacre de relation. Antoine était parfait dans le rôle. Petit homme à la belle chevelure blanche, quand je l'ai connu, il avait gardé de ses origines ouvrières, l'accent faubourien, une certaine dégaine qui jurait avec les manières des intellos qui constituaient l'ordinaire des fréquentations professionnelles de Renée. Antoine avait une conversation limitée et très répétitive, quand il arrivait, comme nous tous, à l'ouvrir en présence de sa chère moitié. En général, c'était en présence d'un tiers, pris comme témoin. Ils atteignaient alors, elle et lui, des sommets dans l'exercice de ce qu'on appelle communément « dialogue de sourds ». Chacun se livrait à deux monologues parfaitement parallèles qui ne se recoupaient jamais. Le malheureux tiers était l'objet de ces véritables tirs de barrage, où le couple réglait à travers lui, ses problèmes de non communication. La seule échappatoire était la fuite, sous peine de périr asphyxié de paroles.

D'aucuns s'étonnaient de l'attelage non conforme que formait le couple, et ne se gênaient pas pour le dire, hors présence des intéressés :

- Quand même, c'est curieux, cette femme intelligente, qui écrit des livres, avec ce type… Il est très gentil, mais il y a quand même un décalage. De quoi peuvent-ils bien parler entre eux ?

Question bien naïve, quand on connaissait les intéressés. Ils n'avaient rien compris, ces observateurs superficiels et conformes ! Primo, entre eux, c'est elle qui parlait le plus souvent. C'était bien suffisant pour deux. Deuxio, Renée avait fait le moins pire des choix matrimoniaux avec ce gars d'extraction tout ouvrière. Pour une femme comme elle, de cette génération, intello, féministe, emmerdeuse, impossible de s'acoquiner avec un pair en classe, diplômes, bagout. Il n'en aurait pas voulu – ils préfèrent tous, et surtout les intellos, des plus jeunes, qui la bouclent le plus souvent et ne répugnent pas aux tâches ménagères tout en travaillant – ou alors, au cas improbable où elle aurait trouvé l'oiseau rare, il aurait fini par l'occire. À l'heure qu'il est, on peut parier qu'il purgerait en hôpital psychiatrique son délit, compte tenu de circonstances atténuantes établies à partir de témoignages de l'entourage.

Antoine, lui, avait tenu. Sa présence constituait pour Renée une sécurité appréciable. Il était dans l'ensemble peu loquace, sauf les accès précités. Elle pouvait toujours causer, il vagabondait ailleurs, il savait s'abstraire. Sauf crises récurrentes. Je l'ai vu, à l'occasion, le brave homme, se déchaîner sans préavis. Tel le cyclone ravageur, il devenait rouge sang, et se mettait à hurler, en éructant à la face de son épouse des propos assassins. On sentait par-derrière une longue, longue accumulation de hargne réfrénée, de colères rentrées, d'exhortation calculée à la patience. Et ça tombait dru, comme l'orage après les grosses chaleurs. Et puis il partait, en claquant la porte. Pendant la tornade, elle se tenait tranquille, baissait le nez. Mais quand il était sorti, elle se tournait vers le témoin, moi en l'occurrence, et d'une petite voix blanche et gênée, disait :

- Je ne comprends pas ce qui lui a pris.

Elle, qui décortiquait, pour mieux les comprendre, tous les mécanismes de l'exploitation de l'homme par l'homme urbi et orbi, n'avait pas la moindre idée de comment elle pouvait peser sur le sien d'homme. Vous pouviez lui répéter la même chose vous concernant, elle revenait à la charge. Exemple : je ne prends jamais de lait, surtout pas le matin. Eh bien, au terme de trente et quelques années, tous les matins où je suis à la campagne, chez elle, elle me demande :

- Tu prends du lait , n'est-ce pas ?

Des envies de strangulation me prennent, d'autant plus que je viens juste de subir l'assaut matinal. À peine ai-je franchi la porte de la cuisine, à moitié réveillée, mal embouchée à l'idée de ce qui m'attend, que j'entends sa voix strider de quelque part et que la voilà sur moi, toutes questions dehors :

- Tu as bien dormi ? Je vais mettre le chauffage ! Tu veux du lait ? Qu'est ce qu'on fait à midi ?...

Une vraie tentative d'attaque à main armée virtuelle. Il me fallait mobiliser mes forces émergeantes pour endiguer le flot. Je grognais, tirais la gueule, refusais ma joue aux embrassades, me dirigeais ostensiblement vers le réchaud, bref un aveugle aurait perçu la désapprobation dans mon comportement. Pas Renée, qui continuait son solo jusqu'à ce qu'elle regagne l'étage pour travailler, ce qu'elle faisait de toute façon, qu'il y ait répondant ou pas.

Et voilà comment une femme sensible, de gauche, engagée dans les plus nobles combats de libération de l'opprimé (e), ayant même transité par le PC - mais ce n'est plus une garantie - se livrait sans états d'âme à ce que je qualifierais, sans ambages, de terrorisme. Verbal certes. Tous les ingrédients du terrorisme étaient réunis dans sa manière d'être avec autrui. Assignation de l'autre à écouter, refus de lui laisser une parole libre et surtout critique, dans un interdit verbo-militari, méconnaissance consécutive de sa personnalité et de ses attentes, refus de prendre en compte les manifestations de sa révolte. En témoigne la remarque qui suivait les colères d'Antoine : - Mais qu'est ce qui lui prend ? Elle montre la persévérance de Renée à rester seule, à affirmer sa toute puissance d'enfant attardée, à ne considérer que son point de vue, à refuser de tenter de comprendre pourquoi son mari a explosé. C'est toujours la faute à l'autre.

Cette façon d'être relève de la tentative involontaire d'homicide. Ne nous y trompons pas : il y a un continuum qui va de ce type de comportement individuel à l'organisation totalitaire. Pour admettre cette dure vérité, il faut savoir que la pulsion de haine est toujours à l'œuvre en chacun de nous. D'où le caractère révolutionnaire du message du Christ, en dehors de toute connotation religieuse :« *Aimez vous les uns les autres* ». Il va à l'encontre d'une tendance forte de la psyché humaine : la haine de l'autre, considéré comme un ennemi potentiel. Cela nous vient de loin : pour les tribus « primitives », en dehors des limites du village, commence le territoire de l'étranger ennemi.

Le cas de Renée est symptomatique de l'état courant des relations dans notre monde. N'est ce pas-là que tout commence , dans cette assignation de l'autre au silence ? Très courante cette configuration où l'un tient l'autre sous le flingue de son monologue. Vous en avez croisé partout - au restaurant, au café, au bureau – de ces paires où l'un (e) jacte, jacte, inondant l'environnement de ses émissions sonores obligatoirement affligeantes d'insignifiance, tandis que l'autre se tait. Accablé, ou faussement attentif, ou absent.

N'est-ce pas dans ce non-échange interindividuel que se localise le germe de toutes les nuisances interhumaines ? Pas la peine de dépêcher des escouades de spécialistes pour sonder l'incommunicabilité qui sévit au sein de notre espèce.

Pas la peine de développer tous ces moyens sophistiqués pour y pallier – téléphone, surtout portable, satellite, numérique, bureautique … – Il manque un chaînon avant le « *Aimez vous les uns les autres* », ce serait « *Écoutez vous les uns les autres* ».

3

Arrogance et soumission

*Ils ne sont grands que
parce que nous sommes à genoux.*

La Boétie

– Ma chère, je crois que tu n'as pas compris comment fonctionnent les courants dans les partis politiques.

La voix sèche et cassante de Pervert a résonné dans la petite salle sombre et froide qui accueille les réunions de ce club de réflexion depuis plusieurs années.

Je me suis raidie. En un instant, j'ai décidé que je ne pouvais plus supporter que ce petit homme gris me parle sur ce ton, comme si j'étais une débile légère, sans expérience et sans culture. J'ai tenu le coup longtemps. Chaque fois que j'étais tentée par la démission, j'évoquais l'efficacité, le sens de la synthèse, l'intelligence du concret, la rationalité apparente de Pervert. Je sais maintenant que je ne subirai plus jamais les remarques méprisantes de cet homme à l'allure de fouine ni les regards doucereux et les remarques perfides de sa femme, son inconditionnelle adoratrice.

Je me lève et du haut de mes 155 cm, j'ose :

– Je n'ai pas besoin de recevoir des leçons, j'ai vécu, milité, lu, enseigné et je ne souhaite qu'une seule chose : ne plus entendre le son de votre voix.

Il se contente de me regarder avec condescendance. Je me sens impuissante. C'est à moi que j'ai fait mal en lui disant ce que je pensais. On ne peut pas affronter directement ce genre d'homme sans souffrir.

Le président lève la séance dans un brouhaha.

Je tremble de tout mon corps. J'ai besoin que quelqu'un s'intéresse à moi, me parle, me donne raison. Dès que Pervert a le dos tourné, nombreux sont ses proches qui dénoncent son insupportable mépris, son contentement de lui-même, son incapacité à tenir compte du point de vue de l'autre.

Pourtant, personne ne s'approche de moi. Je me lève et quête une connivence, un sourire. Les regards me fuient, pendant qu'un petit groupe entoure Pervert et sa femme. Le président de séance qui, il y a peu me racontait ses difficultés grandissantes à le supporter, range les chaises en regardant ses pieds. Une fois de plus, je me dis que le problème n'est pas tant dans la domination, que dans la soumission à la domination, dans la servitude volontaire.

Pervert est entré dans ma vie un soir d'hiver, il y a plus de 10 ans.

Je faisais alors partie d'un comité de soutien à la paix israélo-palestinienne. Celui-ci se réunissait dans un délicieux appartement clair et fleuri du centre de Paris. Les réunions y étaient festives. Le thé coulait à flots et l'on se régalait de gâteaux bourratifs avant de passer aux choses sérieuses. Sans doute y avait-il dans ce parti pris de gaieté une forme d'humour par rapport à l'énormité d'une tâche impossible même si moralement elle paraissait nécessaire.

Pervert entra dans le salon et jeta sur l'assemblée joyeuse un regard sévère. Il devait avoir la soixantaine à l'époque. Habillé comme un universitaire, serrant contre lui un porte-documents noir, il faisait vaguement penser à ces hommes au teint jaune que l'on aperçoit à l'arrière de tableaux de Rembrandt ou de son école.

La maîtresse des lieux le présenta : il était Directeur d'une prestigieuse institution de recherche scientifique et membre de l'un de ces éminents Conseils producteur de rapports à la chaîne qui font l'honneur de notre république paperassière.

Dès son entrée, l'ambiance avait changé. Les quelques hommes présents le regardèrent avec respect et les femmes essuyèrent furtivement leurs doigts collants, tout en finissant leur thé précipitamment.

Je me surpris à faire moi aussi preuve d'allégeance. Je saisis un gros dossier à mes pieds, l'installait sur mes genoux et commençait à le feuilleter, comme pour lui montrer mon sens des responsabilités.

Puis il parla, longtemps. Il s'excusa de rejoindre ce comité si tardivement, mais il avait d'importantes fonctions très prenantes. Il avait suivi cependant les pétitions parues dans la presse, signées par de grands intellectuels. En un mot, notre travail n'avait servi à rien. Ce n'était pas cela qu'il fallait faire. Ce n'était pas assez politique. Ces paroles définitives réussirent à rendre penauds les plus vaniteux des éminents membres de ce comité. Dès qu'il eut terminé sa prestation, la discussion se focalisa autour de lui. Je ne voyais pas bien ce qu'il proposait mais je mis cela sur le compte de mon incompétence stratégique. J'évoquais les longues heures passées à tenter de convaincre toutes ces prestigieuses personnalités juives de s'associer à notre combat. Notre obscur travail venait d'être déclaré avec aplomb, nul et non-avenu.

Puis Il partit précipitamment vers quelque réunion fondamentale où il était attendu et il ne revint jamais.

De longues années s'écoulèrent sans que je le revoie. Mais je n'oubliais ni sa voix sèche ni sa satisfaction d'être ce qu'il pensait être : un homme remarquable, puissant et semble-t-il indifférent à l'opinion des autres.

On me proposa de rentrer dans le comité de rédaction de la revue de ce club dont j'aimais la liberté de ton.

Je revis Pervert le jour de mon premier comité de rédaction. Dès que j'entrai dans le bureau où avait lieu la réunion, je sentis la tension qui y régnait. Les visages étaient fermés. Pervert pérorait. J'appris qu'il prenait la direction de la revue. L'ancien directeur avait démissionné quand il avait compris qu'il ne pourrait pas cohabiter avec Pervert.

Ce soir-là Pervert fit une sorte de discours d'investiture. Il voulait transformer cette petite revue en outil prestigieux et rigoureux. Il estimait que la revue avait manqué de contenu, de rigueur et de profondeur sous l'ancienne direction.

Je me souviens avec précision de cette soirée et de la haine que j'avais ressenti pour cet homme, son ton méprisant, ses certitudes, son absence d'humour et d'empathie. J'avais feint d'ignorer les sentiments que je ressentais depuis toujours pour ce type d'individus, affamés de pouvoir et prêts à tout pour le prendre, le conserver et évincer tous ceux qui leur déplaisent. J'avais accepté tout cela par lâcheté et par besoin de reconnaissance.

Un autre soir d'hiver, Pervert décida qu'il devait se séparer de trois personnes devenues- disait-il- des poids pour la revue performante qu'il souhaitait faire. À la retraite depuis longtemps maintenant, il avait décidé une OPA sur cette revue et y voyait l'outil essentiel d'un pouvoir qu'il avait perdu dans la vie professionnelle. Pervert était un solide haut fonctionnaire, dépourvu d'imagination. Remplacer des gens dévoués mais trop vieux et peu connus par des gens célèbres, servant de référence, lui paraissait une bonne stratégie. Peu lui importaient les conséquences désastreuses en termes de confiance, d'amitié, de fidélité, que cette décision pouvait entraîner.

Je repensais à cette soirée où j'avais été la seule à protester contre les licenciements de mes amis. Les autres, trop contents d'avoir été choisis, gardèrent un silence prudent. J'avais protesté, mais j'étais restée.

Ce n'était guère plus glorieux. Je m'étais même laissé aller lors de déjeuners auxquels m'avait convié Pervert à ne pas démentir ses accusations contre l'inefficacité de tel ou tel ou la mort programmée du petit groupe, où ne venaient plus maintenant que des vieillards, disait-il. Je me souvenais de mes silences complices ou de mon approbation souriante quand il discourait avec l'autosatisfaction que procure l'absence de doute.

L'avant-dernière fois que je le vis, ce fut lors d'une réunion du nouveau comité de rédaction de la soi disant prestigieuse revue. Une barbe blanche entourait son visage sans charme, sur lequel aucun sourire ne venait jamais s'accrocher. Il avait rangé devant lui ses dossiers, photocopié tous les documents nécessaires au bon fonctionnement de la revue. Il veillait à tout, ce qui le rendait indispensable. Les apparences de la démocratie étaient sauves, sauf quand on cessait d'être d'accord avec lui. Ce jour-là, il fut question de la signature des éditoriaux. Pervert. estimait qu'ils ne devaient pas être signés. Je pensais le contraire, tout désaccord avec lui se terminant invariablement par une phrase définitive selon laquelle l'autre avait tort. Pour mettre fin à la discussion, il me décocha que je pourrais toujours démissionner si je ne partageais pas son avis. Les autres émirent une sorte de sourire. Lâchement, je ne répondis pas. Je savais que je subissais son arrogance pour la dernière fois.

Quel bilan tirer des agissements de Pervert ? La revue inventive et vivante avait été définitivement détruite pour laisser la place à une énième revue sans feu ni lieu qui allait probablement disparaître faute de lecteurs. Quelque chose de précieux avait été cassé par le narcissisme d'un homme avec notre complicité.

4

Des voix autorisées

> *Ce qui nous rend la vanité des autres insupportable,*
> *c'est qu'elle blesse la nôtre.*
>
> La Rochefoucauld

Il faisait un temps magnifique ce jour là, une sorte d'été indien. Par quel curieux masochisme suis-je entrée dans cette salle élégante de l'Hôtel de ville au lieu d'aller musarder alentour ?

Toujours est-il que je me suis retrouvée de mon plein gré sur un fauteuil rouge confortable, dominée par une tribune, où siégeaient de fort honorables personnes, éminents spécialistes de la judéité. Autour du thème « Sionisme et diasporas », il s'agissait en fait de répondre à la sempiternelle question : qu'est-ce qu'être juif en diaspora ?

Nous savons tous comment fonctionne un débat de ce genre. Les gens à la tribune parlent, puis parlent entre eux, s'invectivent éventuellement. En général, les intervenants d'en haut ont été tellement intéressants que le modérateur n'a pas eu le cœur de les interrompre, et il reste malheureusement peu de temps pour la discussion. Un ersatz de débat, le plus souvent à base de monologues accolés, s'instaure alors avec ceux d'en bas, à qui, bien entendu, on demande d'être concis.

M. K. dit que le sionisme a une signification historique, qu'il n'y a plus lieu de se déterminer par rapport à ce concept, surtout maintenant où la légitimité d'Israël ne pose plus problème ou très marginalement. Dans ces conditions, être juif dans la diaspora, doit être vécu positivement, grâce à la religion ou à la culture juive et non pas de manière victimaire, en réaction par exemple à un antisémitisme plus fantasmé que réel.

Mme B. enchaîne dans le même sens. Elle estime que l'identité fragilisée des juifs séculiers conduit trop de personnes à vivre leur judéité en victimes et les conduit à exagérer l'antisémitisme, avec le risque de le renforcer. Elle ajoute que l'analyse d'inspiration sartrienne, « on est juif parce que l'on est regardé comme juif », est dangereuse et qu'à la question éternelle : qui est juif ? il ne peut y avoir qu'une réponse. Est juif, celui ou celle qui est de religion ou de culture juive. Il faut se méfier, conclut-elle d'un fonctionnement communautaire qui reposerait sur le rapport à Israël comme marqueur identitaire, et non sur un socle culturel ou religieux.

Je résume très sommairement ces prises de position, au demeurant intéressantes.

Pendant ces longues minutes, quelques phrases d'un article de mon ami Jacques Burko me reviennent en mémoire :

« *Je suis juif, je suis Français, je suis juif et chaque matin, je me demande pourquoi les Israéliens s'entêtent à se suicider... Je suis juif, je pense qu'on doit rendre justice aux Palestiniens... Je suis juif et je ne veux pas qu'on jette les Israéliens à la mer... Bref, je suis juif et je suis mal. Je suis juif, je suis mal, mais je resterai juif et diasporique.* »

Les interventions de M. K. et de Mme B. m'amputent de la seule identité juive que je possède. J'appartiens, comme tant d'autres juifs de ma génération, à cette catégorie de Juifs faits juifs par les nazis et les antisémites : non religieux, n'ayant pas ou peu de culture juive et donc si l'on en croit ces voix autorisées, appelés à se faire discrets. Je sens dans ces propos assénés avec l'arrogance de ceux qui savent, une condamnation des contradictions dans lesquelles je me débats depuis si longtemps.

Je pense à tous ces juifs qui faisaient partie de familles assimilées, non-croyants voire convertis. Je pense à Irène Némirowsky, gazée à Auschwitz. Son mari, Michel Epstein, a tenté de la sauver en expliquant aux Allemands, combien sa femme détestait les juifs et les bolcheviques !

Deux jeunes femmes timides s'avancent entre les fauteuils rouges, un micro à la main. Je m'agite, essaye d'écrire quelques mots sur un papier en tremblant. Une sorte d'impérieuse nécessité d'intervenir me saisit. Pourquoi vouloir placer mon point de vue ? Par vanité ? Pour me faire remarquer ? Parce que je suis choquée que ces gens si sûrs d'eux, expédient aux poubelles de l'histoire tant de mes contemporains, qui ont vécu enfants, sans y rien comprendre, les ostracismes mortifères de la deuxième guerre mondiale et l'antisémitisme de l'après-guerre.

L'une des jeunes femmes a perçu mon agitation et me tend le micro. Trop émue, je bégaye plus ou moins clairement ce qui précède en d'autres termes : comment transformer cette identité incertaine en identité positive, si l'on n'est pas religieux, si même on déteste toutes les religions, si l'on est plus intéressé par la culture anglo-saxonne que par la culture estampillée juive ?

La réponse de M. K. m'est martelée, définitive et méprisante. Il est désolé que j'ai été malheureuse quand j'étais petite mais il n'y peut rien et mon rapport passif au judaïsme ne relève pas à son sens de l'identité juive telle qu'il l'entend. Dans la salle, quelques rires se font entendre. Je voudrais répondre que je croyais que l'un des apports culturels du judaïsme était l'universalisme, le rapport entre le Je et le Tu, l'écoute de l'autre. Je voudrais dire qu'il y a des juifs à éclipse, comme il y a des musulmans laïcs ramenés à une identité qu'ils connaissent à peine par le sectarisme ambiant. Mais je ne peux rien dire. Je n'ai plus de micro.

Alors, je m'enfuis en jurant, mais un peu tard, que l'on ne m'y reprendra pas...

5

Ce qu'il en coûte

Les couples sont de quatre espèces : toi et moi égale toi, toi et moi égale moi, toi et moi égale nous, toi et moi égale toi et moi.

Gilbert Cesbron

Viviane s'affaire en cuisine. Dès la veille, elle a programmé le menu et distribué les tâches. Paco est chargé de préparer le caviar d'aubergine et les salades. Il est allé chercher les pains. Plusieurs sortes, maïs, seigle, froment. Et il a sorti plusieurs bouteilles de la cave. Viviane, elle s'occupe du corps du repas. Paco a rejoint son ordinateur. Il y passe l'essentiel de ses journées. Quand il quitte son écran, c'est pour se carrer devant celui de la télé.

- Paco, mon amour, tu as pensé à sortir les biscuits apéritifs ?

La voix de Viviane parvient, assourdie. La relative distance entre la cuisine et le bureau de Paco, en atténue un peu la rugosité. La voix de Viviane évoque l'aboiement. En l'occurrence justifié, vu la distance. Mais de façon générale, ses émissions vocales se font le plus souvent sur le mode tonitruant, avec une remontée menaçante en fin de phrase. Il y a toujours comme une semonce dans cette voix. Quand elle retentit, on ne se sent pas vraiment tranquille. Vous vous sentez renvoyé au stade de gamin en faute. Qu'est ce que j'ai bien pu lui faire ? À la longue, on s'habitue, mais quand même, on se surprend à avoir un petit sursaut.

Paco lui reste paisible. Pourtant quand elle lui dit « mon amour », on se mettrait presque au garde à vous. Tout est dans le ton, entre adjudant et surveillante de pensionnat à l'ancienne. Il met un certain temps à grommeler une réponse positive.

Les invités arrivent par paquets. Il y a le frère de Viviane, André, un voisin, Manuel et deux amies de Viviane, Gabrielle et Camille, de passage dans le midi. Paco délaisse son ordinateur pour faire la maîtresse de maison. Viviane a dressé la table sur la terrasse. Il fait beau. On s'installe sur des fauteuils tout autour. Le frère de Viviane, André, est venu avec un carton qui contient des bouteilles de vin et des verres à pied. Prévoyant le bonhomme. Pas sûr que ça plaise à la soeurette, cette ingérence dans ses affaires domestiques. Mais André explique que son vin nécessite une dégustation appropriée, que seuls ses verres permettent. Il appert rapidement que le frère de Viviane n'a rien à lui envier, question bagout et confiance en soi. Apparemment tout au moins. Il profite de la petite gêne inaugurale, propre à ces assemblages de convives qui ne se connaissent pas, pour se saisir de la question du vin et des verres appropriés. Relancé par quelques questions polies, il part dans une longue dissertation sur les qualités de chaque crû, le moment de la journée où il faut les déguster, avec quels mets il convient de les apparier…Tout le monde écoute, par politesse ou par réel intérêt. Paco, en particulier est tout ouïe et sourit. C'est que l'orateur est convainquant.

Viviane fait irruption sur la terrasse. Elle cueille André en pleine phrase :

- Je vois que tu es en pleine péroraison, frérot ! Navrée de t'interrompre, mais tu pourrais nous le servir, ton vin. Des verres, tu sais, la maison n'en manque pas. Inutile tout ce déménagement.

Il sourit d'un air entendu et acquiesce.

- J'y venais, j'y venais, Viviane.

- Dis-moi André, relance Paco, tu les achètes où tes verres ?

Viviane a un mouvement d'impatience.

- Paco, mon amour, on en parlera à table ! Mon gigot sera prêt dans pas longtemps. Il faut attaquer les entrées.

Dans les yeux bleu vert de Paco, passe un éclair inquiétant. Mais il ne dit rien.

- Oui, les amis, à table, surenchérit-il.

Viviane est férue de champignons. Elle ratisse, dès l'automne venu, les forêts avoisinantes, en quête des précieux végétaux. On est au printemps, mais elle a préparé en entrée une fricassée de champignons. Ceux-ci baignant dans une mare de sauce brunâtre, où ils ont généreusement dégorgé leur eau. Viviane n'a pas pris le temps de la faire réduire. Cela explique aussi leur état de quasi-crudité. Mais elle est enthousiaste.

- Ils sont bons, hein, mes champignons ?

Bien téméraire, celui qui oserait contester cet avis, prononcé sur le ton sans appel déjà signalé. La plupart des convives se contentent de laisser sur le bord de l'assiette les restes de champignons goûtés puis abandonnés. Une minorité, par politesse ou peur, mâchonne la chair caoutchouteuse. Viviane, tout à sa passion, se lance dans un dithyrambe sur les champignons. Le voisin, lui aussi adepte, lui donne une pâle réplique. Elle ne lui est même pas reconnaissante de cette solidarité, tant elle est occupée à parler. Peu lui importe le silence qui plane autour de la table. Rien à voir avec le recueillement qui accompagne une dégustation concentrée. A-t-elle seulement remarqué que son sujet n'intéresse qu'elle ? Si ça l'intéresse, c'est que ça intéresse tout le monde. Comment peut-on ne pas s'intéresser aux champignons ?

- Gabrielle, ma chérie, tu n'aimes pas les champignons ?

La péroraison s'est interrompue. Viviane a remarqué que l'assiette de Gabrielle était restée pleine. En bonne maîtresse de maison, elle ne peut laisser passer ça. Quand Viviane reçoit, elle est en effet très soucieuse du bien manger de ses hôtes. Une vraie mère avec eux. On ne s'occupe de rien quand on est invité chez elle. On met les pieds sous la table et on mange. Et on apprécie.

Gabrielle, qui visiblement s'attendait à l'apostrophe, rétorque, sur un ton où pointe une certaine agressivité.

- Ça dépend comment ils sont préparés.

- Pourtant, je sais bien les faire. Ils sont très bons ces champignons ! Je vais les finir, moi, tes champignons.

Et elle verse le contenu de l'assiette de Gabrielle dans la sienne.

La propension au doute n'est pas, tout au moins apparemment, une caractéristique de la psyché de Viviane. Quand vous émettez un avis contraire au sien, elle ne discute pas, elle défend son point de vue. Elle part du principe qu'elle a raison. La discussion avec Viviane se réduit le plus souvent à écouter et acquiescer. Tout au moins en public. Quand elle se trouve en tête à tête, de l'air passe entre elle et son interlocuteur. Mais en public, elle affirme, tranche, impose. Effet de timidité bien camouflé ? Peur des autres et de leur possible riposte ? Comme toutes les grandes gueules, Viviane est une fragile. Sous le gendarme à grosse voix, se terre la petite fille.

- Mon amour, tu vas voir où en est le gigot ? Tu le découperas à la cuisine.

Camille sursaute chaque fois que Viviane prononce la douce interpellation. Paco avale son dernier champignon, puis se lève, en extirpant avec une certaine aisance son ventre de dessous la table. Il a un gros ventre de bébé repu, qui aime le gigot, qui s'en mettra plein sa grosse panse de bébé, mais qui ne pense pas à aller surveiller sa cuisson. Il faut que Viviane y pense, comme elle pense à peu près à tout. Paco aimerait que le gigot arrive tout seul sur la table. Ou que Viviane qui est allée l'acheter et l'a fait cuire, s'occupe aussi d'aller le chercher et de le découper. Mais on ne peut pas tout avoir quand même. Quelqu'un qui va acheter le gigot le paye, comme tout le reste d'ailleurs, le prépare, il faut bien lui montrer une certaine bonne volonté, mettre un peu la main à la pâte. Paco a compris ça. Il a mis du temps à comprendre que tout a un prix. Mais il s'arrange pour avoir des rabais.

Profitant de l'interruption de séance sur les champignons, et du vide laissé par sa sœur, André, le frère, attrape la parole et apporte sa touche savante au thème champignons. On a quitté la considération terre-à-terre de Viviane, ses appréciations purement personnelles sur les végétaux cryptogames, bref son approche artisanale du sujet, pour s'élever au cours magistral. Rien n'est épargné aux convives : les différentes espèces, les formes, les dangers, les manières d'accommoder…Personne n'ose interrompre l'orateur, même pas Viviane. Et on assiste à ce phénomène courant dans les réunions, qu'elles soient à thème ou festives : l'intimidation ou la fascination qu'exerce sur un auditoire le quidam qui parle et s'écoute parler. Quand il s'est emparé des commandes du verbe, rien ne peut l'arrêter. C'est qu'il est persuadé d'intéresser les autres, à l'inverse de ceux - la majorité - qui s'empressent d'arriver au bout de leur phrase tant ils ne croient pas en eux. Le monde n'appartient pas aux modestes. André, lui, est dans l'autre camp, celui des confiants en eux. Il ne voit pas que la plupart des auditeurs s'ennuient ou trouvent le temps long. Mais là n'est pas le plus mystérieux.

Comment se fait-il que personne n'ose opposer un barrage à l'écoulement indéfini de son verbe envahissant, sans appel, écrasant de science ? On a là, sans équivoque, un exemple courant, apparemment anodin, de cette servitude volontaire si bien nommée par La Boétie. Nous rendons les armes en toute occasion, sans que rien ne le justifie. Voilà pourquoi nous les rendons si facilement dans les grandes occasions.

Gabrielle, encore elle, celle qui a osé émettre un doute sur la préparation des champignons, entre en résistance. Dans le meilleur des cas, il y en a un/e qui sauve l'honneur.

- Quelle science ! Vous devriez proposer un cours sur les champignons à l'université !

La bouffée d'air que tout le monde attendait. On s'ébroue autour de la table, on respire, on se remet à parler de choses et d'autres entre voisins. Du coup le frère a du mal à reprendre sa péroraison. Et Viviane en profite pour lancer :

- Tu vois, frérot, trop de champignons nuit…

On imagine l'enfance de ces deux-là. Deux fortes têtes dans le même bac à sable, zizanie et bagarres garanties. Un vrai western intra muros familial. Mais même entre gagnants, il y a toujours un perdant. En l'occurrence une perdante. Viviane est l'aînée et c'est une fille, deux circonstances aggravantes. Sans connaître tous ces antécédents, ça se voit à l'œil nu qu'elle n'est pas rassurée dans la vie. Qu'elle s'est murée dans son béton intérieur. Toujours sur le qui vive, prête à flinguer le contradicteur que représente tout interlocuteur, bien décidée à camper sur ses positions, à ne rien entendre d'autre que ce qu'elle veut entendre. Elle a dû en baver pour défendre son morceau de gras.

Tandis que le frérot trône sur son matelas de certitudes, bien calé sur le confort douillet d'un amour maternel probable. Elles sont tellement fières d'avoir un fiston ! Elles peuvent savourer leur plaisir surtout quand elles ont eu d'abord une fille. On ne pourra pas leur reprocher de faire de différence. Sauf qu'elles en font, la plupart du temps. Comment en serait-il autrement ? Tout y concourt, à cette préférence inavouée pour le fiston : la fascination bien naturelle pour le sexe qu'on n'a pas, la pression sociale qui valorise nettement le mâle, l'ancestral façonnage des femelles humaines via l'effacement propre au profit de l'encensement de l'autre, présumé supérieur. Et voilà comment on fabrique des cohortes de filles en mal d'amour maternel, qui squattent les divans, écrivent des essais, des romans pour dire leur incurable frustration.

N'empêche, le résultat est là : Viviane est difficile à pratiquer. On se demande comment Paco y arrive. Il a ses compensations. Et ses revanches.

La porte s'ouvre et apparaît une fillette, avec un panier de fraises. Viviane abandonne convives et gigot et se précipite sur la gamine et la couvre de baisers.

- Ma petite chérie ! Qu'est ce que tu nous apportes ?

- C'est maman qui m'a donné ça pour vous. Et elle tend le panier de fruits.

Viviane veut faire une place à table à la fillette. Mais celle-ci décline l'invitation. Elle va déjeuner avec ses parents. C'est dimanche. Viviane avait oublié. La fillette fait partie des enfants du quartier qu'elle garde régulièrement et pour lesquels elle organise chaque semaine des goûters. Elle raccompagne l'enfant à la porte et la serre passionnément contre elle. La petite fille lui fait un petit signe d'amitié avant de disparaître. Viviane vient se rasseoir, le visage ébloui. Elle en reste silencieuse pendant quelques instants. Viviane n'a pas d'enfants. Tout au moins elle n'en a pas avec Paco. Elle a fait un ou deux avortements avant lui. Par nécessité. Elle aurait voulu avoir un enfant de lui. Mais niet. Le gros bébé veut garder toute la place pour lui. On ne sait pas bien s'il ne peut pas en avoir ou ne veut pas. Là dessus, Viviane est discrète. Mais son regard sur la fillette, lui, est éloquent. Viviane aurait voulu avoir des enfants, elle adore materner, prendre en charge, porter, entourer…Mais elle s'est heurtée au veto de Paco.

Pas de place pour deux bébés sous le même toit. L'espoir d'infléchir Paco s'amenuise. Viviane va atteindre bientôt la date de péremption procréatrice. Plus d'espoir de porter dans ses bras avides un petit, de l'étouffer de ses baisers. Il lui faudra se contenter du grand, reverser sur lui ses immenses ressources d'affection. À quelque chose près, peu de différence avec un petit. Paco est quasiment à la charge de Viviane. Il est peintre de vocation, Rmiste pour l'ordinaire, indolent de nature. Une grande passion sensuelle a uni à l'origine ces deux-là. Mais le temps a passé, la grande flamme s'est étiolée. Est resté sur la grève des anciennes flammes, le résidu de cendres et d'habitudes qui tient lieu désormais de ciment. Paco est plus souvent devant ses écrans qu'avec Viviane. Celle-ci s'active dans son métier et dans diverses activités annexes. On ne voit pas le temps passer, les regrets s'accumuler, la frustration monter.

Tout à l'air huilé entre eux. Elle est aux commandes, il suit. On serait tenté de le plaindre. Pauvre homme, qui se coltine la « virago ». D'autant que c'est mal vu, une femme qui gouverne. L'inverse, un homme qui gouverne, c'est l'habitude. Mais ne nous y trompons pas. Dans le duo, c'est Paco qui mène la danse. Ou si on préfère filer une métaphore musicale, c'est lui qui donne le tempo. Sur l'essentiel, il tient bon. Ainsi, aucun bébé autre que lui, ne franchira le pas de leur maison. C'est Viviane qui a choisi d'habiter à la campagne, lui déteste la campagne, c'est un rat des villes. Il ne met pratiquement pas le nez dehors et il n'accompagne jamais Viviane dans ses longues balades. Il déteste travailler à autre chose qu'à sa peinture, qui ne lui rapporte rien.

Viviane n'a pas l'air de s'en plaindre. Ses idées progressistes – on partage tout, ce qui est à moi est à toi – viennent lui donner un sérieux coup de main dans ce sens. En plus, Paco est, le pauvre, fragile psychiquement. Que ferait-il sans elle, elle l'a justement choisi pour ça, pour son côté fragile. Choisi ? Là-dessus, comme sur la plupart des choses, Viviane est décisive. Elle n'aurait pas supporté un « cadre-complet-cravate », le mec pur jus, intégré et tout. On comprend, on aurait frôlé l'homicide. Elle est toujours tombée – pardon elle a choisi – sur des marginaux, tellement plus attachants. Il faut assumer, bon sang, on ne peut pas tout avoir.

Mais on peut y rêver… Viviane ne rêve plus.

6

Un couple libre

> *J'ai trop le désir qu'on respecte ma liberté pour ne pas respecter celle des autres.*
>
> Françoise Sagan

J'ai eu envie de raconter l'histoire de mon couple après avoir lu un article dans le magazine féminin Elle qui s'intitulait : *Celles qui restent malgré tout*. Selon l'auteure, et les incontournables *spécialistes* interrogés, seuls les hommes avaient des maîtresses et leurs femmes ne pouvaient que souffrir et attendre. À la lecture de cet article, j'ai eu envie de hurler le bon vieil hymne du MLF :

- Levons-nous femmes esclaves et brisons nos entraves.

J'ai rencontré l'homme qui devait devenir mon mari à la fin des années 50 dans un parti de gauche. J'avais 19 ans et lui 22. J'étais mineure et, à l'époque, si nous voulions vivre ensemble et continuer nos études, le mariage et l'autorisation parentale étaient incontournables.

Cinquante ans plus tard, nous vivons toujours ensemble et nous nous aimons toujours, si l'on veut bien considérer la polysémie du terme aimer, ses contradictions et ses moments de haine ou d'agacement. Et pourtant, selon les commentaires péremptoires des spécialistes susvisés, j'aurais dû soit me séparer de mon mari soit souffrir le martyre en attendant des jours meilleurs.

Dès les années 60, mon compagnon et moi étions partisans d'un socialisme à visage humain et cela voulait dire quelque chose. Nous ne croyions pas vraiment que nous pouvions changer le monde, mais nous pensions qu'il était possible d'en améliorer certains aspects. Nous n'avons pas attendu Mai 68 ou le MLF, pour savoir que les relations entre les hommes et les femmes faisaient partie intégrante de ces changements tant souhaités.

Au début de notre relation sexuelle –peu de temps après notre rencontre et avant le mariage- nous avons parlé du couple que nous souhaitions construire. Mon modèle était le couple Sartre/ Beauvoir, même si c'était un peu abstrait pour la jeune fille timide et quasiment pucelle que j'étais à l'époque. Nous partagions un idéal de liberté, de responsabilité et de sincérité. Il m'arrive de penser que si les mots précités n'avaient pas été vidés de leur sens par quelques apparatchiks sans foi ni loi, l'échec du socialisme n'aurait pas été aussi piteux.

Nous avons décidé ensemble d'un contrat : Nous serions libres d'avoir des relations sexuelles, chacun de notre côté à la condition expresse de tout se dire. L'adultère et son cortège de tromperies étaient exclus de ce contrat. Nous sommes restés fidèles pendant trois ans et puis un jour, mon compagnon m'a annoncé qu'il avait fait l'amour avec une autre femme. J'ai sangloté, supplié, hurlé. Il a tenu bon. J'ai repris mes esprits et décidé que le contrat que nous avions passé devait être respecté. Et nous avons repris notre vie insouciante d'étudiants salariés et militants.

Je ne me souviens plus très bien quel était mon état d'esprit après cette première application du contrat. Je sais seulement que j'avais envie de faire l'amour avec d'autres hommes (le beau camionneur du café du coin !) mais que dans les années 60, il n'était pas facile pour une jeune femme élevée strictement de réaliser concrètement ses désirs.

Au bout de deux ans, nous avons vraiment commencé à appliquer notre contrat dans la transparence. Je me demande si certains lecteurs ne vont pas être effarés par le terme « contrat », assimilé à la froideur du droit, bien éloignée de la chaleur des passions. Pour nous, le concept de contrat devrait constituer le fondement de la plupart des rapports humains. Il implique un accord sur certains principes, il tient compte des imperfections humaines, des égoïsmes et de la volonté de les dépasser.

Nous avons vécu ainsi pendant trente ans, nous interrompant le temps de faire un enfant. Ce n'est pas par obligation, mais par plaisir que j'ai eu des amants. J'ai aimé la découverte d'autres corps, l'intimité d'une relation sexuelle sans pathos et sans mensonges. Mon compagnon a eu beaucoup plus de maîtresses que je n'ai eu d'amants. Question de temporalité : J'avais le plus souvent besoin d'être amoureuse pour faire l'amour avec un autre homme et la plupart de ces relations ont duré plusieurs mois, voire années.

Mais j'ai aussi connu les amours d'un soir ou d'une heure dans des lieux improbables et j'en garde un merveilleux souvenir, celui de corps qui ne se payent pas de mots inutiles, qui se rejoignent puis se quittent d'un commun accord, parce qu'ils savent que l'ennui suivrait inéluctablement l'exultation passagère des corps.

Dire que nous n'avons pas été jaloux serait faux. Je l'ai été quand la relation avec une femme semblait aller au-delà de la relation sexuelle ou que je trouvais l'autre femme plus belle que moi. Il l'a été, quand je paraissais très amoureuse.

On nous a souvent demandé si nous n'avions pas instrumentalisé nos partenaires. Réflexion faite, la réponse est non. Tous connaissaient pertinemment la situation, l'amour qui nous unissait et notre contrat. Rien alors ne les contraignait à continuer une relation dont ils savaient qu'elle n'aurait pas d'avenir sous la forme d'un couple vivant ensemble. D'ailleurs en ce qui concernait mes amants, cette situation semblait plutôt les arranger.

Qu'est-ce qui nous a permis de rester ensemble, tout en vivant librement notre sexualité dans la transparence la plus totale ? Peut-être avais-je une sorte de certitude naïve que mon mari ne me quitterait pas. Sans doute aussi mon attirance pour la beauté des femmes me permettait de mieux comprendre sa fascination pour elles. En ce qui le concerne, je pense qu'il avait un côté voyeur. Mais la réponse la plus plausible est celle de Montaigne parlant de son ami La Boétie : « Parce que c'était lui, parce que c'était moi. ».

Nous n'avons jamais voulu faire de prosélytisme. Nous étions conscients de la singularité de chaque histoire et du ridicule des normes en la matière. Rien ne sert de se forcer à souffrir pour être conforme à un principe. On peut imaginer des aventures assumées mais secrètes dans leurs détails. On peut bien sûr choisir la monogamie. Mais en tout état de cause, je suis sûre d'une chose : penser que les femmes seraient foncièrement monogames tandis que les hommes auraient des « besoins » (terme éminemment répugnant) qui les obligeraient à être polygames, est une stupidité sexiste.

Si je raconte cette histoire aujourd'hui alors que je m'achemine vers les soixante dix ans, c'est parce que je suis lasse du narcissisme, source de bien des dérives, de bien des échecs politiques, amicaux, amoureux. Comment en effet peut-on penser un seul instant que la vie en couple fait disparaître le désir pour autrui comme par enchantement ? Au nom de quelle morale, devrions-nous nous refuser le plaisir de plaire, de faire l'amour avec de séduisantes personnes, comme si nous étions enfermés dans une prison ? Si la liberté est ma passion, elle passe obligatoirement par le respect de la liberté d'autrui et en particulier celle des gens que j'aime. Chaque fois que le démon de la jalousie me pourrissait la vie, je pensais à mes amants, au plaisir que j'avais eu avec eux. Comment dans ces conditions, pouvais-je poursuivre de mon amertume ou de ma colère mon partenaire de vie qui avait cette immense qualité d'aimer les femmes, tout en m'assurant de son amour et de son estime ?

L'âge venant, nous avons cessé ce genre de vie qui nécessite confiance en soi, légèreté, fluidité. Nous avons réussi à éviter en partie les frustrations nauséabondes que l'on reproche à l'autre et qui finissent par provoquer des haines et des désastres.

Il ne faut pas se leurrer. Cette histoire de vie paraît facile. C'est à la fois vrai et faux. La liberté est une discipline. Agir à l'encontre des normes ambiantes, museler son égoïsme et sa jalousie, est à la fois jouissif et laborieux. Cela nécessite un effort, une réflexion, une discipline, un engagement, une forme de sagesse et beaucoup de sincérité.

Ce récit ressemble à une image d'Epinal. Que l'on ne s'y trompe pas. Nous avons eu de nombreuses et énormes disputes au cours de ces cinquante ans, et pas seulement sur le partage des tâches ménagères. Mais ces querelles n'ont jamais porté sur nos aventures sexuelles.

7

Hétaïra ou la loi de l'offre et de la demande

La prostitution marcherait moins bien, si les hommes n'avaient pas besoin de se confier à tout prix.

Frédéric Dard.

Il existe parfois une sorte d'adéquation parfaite entre l'offre de domination et la demande de soumission. Les deux parties jouent avec les termes du pouvoir, sans en être victimes.

Volupté et consentement mutuel, tels sont les termes du contrat ponctuel que passe Hétaïra avec ses mimis. Mais le jeu n'est pas qu'un entracte : la nature profonde d'Hétaïra est foncièrement totalitaire, tant il est vrai que nos « vocations » correspondent à notre tempérament profond.

Hétaïra est allongée sur son lit, dans son grand studio tout blanc. Elle écoute une symphonie de Mozart et son regard glisse le long du long balcon, ourlé de bouquets de géraniums qui émergent régulièrement de leurs bacs. Au-delà, le ciel. Si elle se redresse un peu, elle aperçoit les immeubles serrés qui moutonnent dans ce coin du septième arrondissement. Elle revient de sa séance tri-hebdomadaire au club où elle veille à entretenir ses formes, en s'évertuant à leur conserver la fermeté requise, moyennant différents passages par les instruments adaptés qui s'alignent dans ce genre d'établissement. Elle rame, pédale, saute, se suspend, ahane pour mieux s'abdominer, se pectoraliser, et maintenir sa fesse drue. Elle s'accorde quand même in fine un petit plaisir, quelques brasses dans la piscine et un tour au hammam. Après quoi, elle déjeune sur place d'une salade composée et d'un fromage blanc à zéro pour cent vers trois heures. Son solide petit-déjeuner lui tient au corps pour un bon moment.

Elle rentre souvent à pied, parachevant ainsi sa mission essentielle : se conserver. Pour que les conserves durent, il n'y pas de miracle, on les traite. Hétaïra, comme les conserves, s'est donné une date très lointaine de péremption. Avec une différence : elle peut, elle, en faire reculer la date, moyennant ces efforts tenaces, accompagnés de retouches chirurgicales, cela va de soi.

Le téléphone sonne.

- Oui ? Comment m'avez-vous trouvée ? Bien. Non ! Pas demain. C'est ça, après-demain. C'est la première fois que vous venez ? Quel est votre prénom ? Guillaume ? C'est charmant.

Elle lui donne l'adresse, avec une grande précision.

- Je vous attendrai à 18 heures précises. Non, il n'y a pas de code dans la journée. Pour l'offrande, ce sera 250 euros, pour deux heures.

Tout cela a été dit sur un ton allègre, avec une voix très haut perchée et sonore, de petite fille qui se soucie peu de respecter l'intégrité du tympan d'autrui. Depuis qu'elle a rejoint la capitale, en fin de mois, comme d'habitude, le téléphone sonne souvent. Les salaires tombent en fin de mois, c'est le moment opportun pour officier.

Hetaïra a une haute idée de son activité, impossible à ranger dans la catégorie de ce qui se fait sous son label. Écoute, sérénité, affection, telles sont les trois mamelles de sa pratique. Peu importe qu'elles distillent leur lait réconfortant dans le cadre immuable d'un scénario, où le plaisir est le totem devant lequel prêtresse et officiants communient. Certes elle officie dans un registre répertorié, codé. Les garçons qu'elle reçoit sont des jeunes hommes charmants, dont la soumission consentie convient parfaitement au tempérament dominateur de notre prêtresse. Mais on reste dans un registre soft qui exclue brutalités et sévices. Hétaïra a adapté à son tempérament plutôt bonhomme, sa pratique galante. Elle a toujours dédaigné le recours à la panoplie classique. Pas comme maîtresse Fanny, qu'elle a d'ailleurs formé, et qui en fait l'essentiel de son commerce. Avec une spécialité : la mise en cercueil. Voilà qui lui permet pendant que l'impétrant étouffe doucement, d'aller téléphoner à ses copines. Conversations qu'elle interrompt régulièrement pour aller voir où en est le patient, conscience professionnelle oblige.

Hétaïra, elle, a des visées plus ambitieuses. Elle se sent investie d'une puissance héritée d'un long passé de galanterie, patronnée par la figure de la grande Prostituée sacrée des temps anciens. Elle se situe fièrement dans cette lignée de Femmes, qui ont dédaigné le bobonnat assorti de ses basses œuvres procréatrices, pour entrer dans la Caste noble de celles qui ont choisi le moindre mal(e). Hétaïra a opté pour une place au soleil, là où campent les puissants officiels de ce monde, dont elle prend certains, dans les rets de sa séduction. Avec leur consentement ravi. Bulle protégée où ils osent s'offrir le plaisir de transgresser la norme virile, tu seras le plus fort, mon fils. Ils se laissent aller au désir secret de leurs congénères : revenir aux origines. Le bébé à sa maman, qui l'a tout à lui, se fait chouchouter, se roule à ses pieds, se vautre dans les délices de la régression. On jette aux orties le costume-cravate, on retrouve un annulaire vierge de toute alliance, on est le roi du monde dans les bras parfumés de maman, qui sait si bien manier la caresse et la badine, là où il faut, quand il faut.

Le téléphone sonne. Mais cette fois ce n'est pas un de ses chéris. C'est une amie. Hetaïra a beaucoup d'amies. Les relations qu'elle entretient passent essentiellement par le téléphone. Le plus clair de sa journée, en dehors des phases officiantes, est occupé par ces conversations téléphoniques, souvent interminables. Pourquoi rencontrer les gens physiquement, il y a tout ce parasitage de la présence, regards, échanges invisibles, expressions, qui risquent de la déconcentrer d'elle-même. Car son unique objet d'intérêt, de préoccupation, de soin, c'est Elle. Elle a gardé de l'enfance les traits majeurs : égocentrisme absolu, recherche acharnée de son bien être, refus têtu de la moindre contrariété.

L'essentiel de ces conversations téléphoniques tourne autour des habituels déballages cœur-cul. C'est là un autre champ pour Hétaïra : se prouver son indéniable supériorité sur toutes ces femelles geignantes. Elle peut leur prodiguer des conseils, du haut de son expérience et leur faire valoir que, si elles avaient fait le même choix qu'elle, elles n'en seraient pas à s'humilier devant l'homme qu'elles prétendent aimer. Pouah ! Hétaira n'a que mépris pour cette propension si féminine à se prendre pour une carpette, dès que pointent les chaussures de l'aimé. Elles n'ont pas encore compris qu'avec cette espèce, les hommes, il faut justement le prendre de haut, ne jamais laisser transparaître la moindre complaisance. Elle est parfaitement convaincue que là réside la vraie libération des femmes, prendre son plaisir en étant payée, être maîtresse du jeu mené. Quand elle voit ces pauvres femmes, par cohortes, s'épuiser à gagner en un mois ce qu'elle gagne en deux séances, une pitié mêlée de mépris la submerge. Comment n'ont elles pas compris qu'elles font fausse route, ajoutant une dépendance, celle au mari, à une autre, celle au travail ? Il fut une époque où Hétaïra, soucieuse du bien de ses sœurs, voulait convertir toutes ses amies, du moins les plus présentables, à son sacerdoce.

Elle jette maintenant un coup d'œil à la pendulette. L'heure approche du prochain rendez vous. Elle s'étire puis se lève. Elle tire les rideaux du studio, allume deux lampes qui dispensent une discrète lumière orangée. La pièce blanche perd de son austérité, les murs s'enflamment avec retenue. Hétaïra disparaît dans la petite salle d'eau. Elle réapparaît dix minutes plus tard, le corps serré dans un body noir, d'où partent les jarretelles qui font saillir la chair entre le bas et la culotte. C'est qu'elle a de bonnes jambes bien plantées, et ses cuisses, même après le passage du rabot chirurgical, ont gardé leur rondeur, entrevue au hasard des jeux du déshabillé transparent qui danse autour. Elle s'est maquillée légèrement, a accentué le bleu de son regard par un trait noir, relevé ses cheveux qu'elle a rares, en une touffe qui les fait mousser. Elle a soigneusement préparé ses pieds, en a verni de rose saumon les ongles, et les regarde avec un oeil gourmand qui anticipe les plaisirs à venir. Celui qui va sonner, aime à les caresser, les baiser, les masser, les lécher, sans souci du temps qui passe. C'est Hétaïra qui, au bout des deux heures, lui rappellera doucement que c'est bientôt fini. Il se relèvera à regret, peut-être souhaitera-t-il un rapprochement plus précis, peut être pas, là n'est pas l'essentiel, il déposera discrètement, avant de partir, l'offrande dans un joli vase à l'entrée.

Ensuite, Hétaïra se sentira comblée, comme elle l'est depuis plus de trente ans, chaque fois qu'il lui est donné d'exercer cette activité sans laquelle son existence perdrait son sens. C'est là sa vocation profonde, comme pour d'autres la chirurgie ou la peinture. Une vocation découverte à l'adolescence, quand d'autres sentent l'appel de l'aventure. Elle mettra tout en œuvre pour réaliser cette véritable passion. Pourvue à l'origine d'un physique ingrat, la tâche ne sera pas facile. Contrairement à l'opinion courante, il y a concurrence sur le marché de la miche, surtout de luxe. Hétaïra gravira sans sourciller le dur chemin qui la mènera de l'adolescente mal dans sa peau, collectionnant les rebuffades, à la jolie jeune femme cotée sur la place où se vendent les charmes huppés. Elle se souvient encore de ce bar à marins, où elle avait échoué adolescente, après un voyage en train vers la mer. Elle avait fait tapisserie toute la nuit, sur la banquette sale de ce tripot. Pas un regard de ces messieurs. Elle en aurait pleuré et... payé pour se faire passer dessus.

Tout cela est loin. Hétaïra a réalisé à la force du poignet son rêve de jeunesse. Elle éprouve toujours le même plaisir à ces rencontres, où dans un huit clos douillet, elle jouit de voir ses mimis à ses pieds, éperdus de reconnaissance. Elle donne beaucoup d'elle-même dans ces échanges, il ne faut pas croire qu'elle se contente d'être adorée. Hétaïra a acquis toute une science de la galanterie, elle est experte dans l'art de capter les attentes des mimis, d'y répondre tout en distillant ce rien de frustration qui va encore plus exacerber leur désir. Rien ne vient troubler ce tête-à-tête délicieux, où elle est maîtresse du jeu, où il ne demande qu'à se soumettre à ses volontés. Parfaite adéquation de la demande et de l'offre, où la relation de dépendance comble les deux parties, car elles sont entièrement consenties, sans les habituelles frustrations qu'entraîne ailleurs la relation de ce type. Le cadre strict où se déroule l'échange l'explique. Il évite tout débordement. Ah! l'ivresse de ces moments renouvelés chaque début de mois, pendant la première quinzaine, quand la paye tombée, ne demande qu'à passer de leurs mains vers les siennes. L'argent compte bien sûr, Hétaïra adore l'argent, mais il ne suffit pas à expliquer sa passion. Elle ne pourrait pas se passer de l'exercer.

Une menace ternit cependant l'avenir. Qu'en sera-t-il du beau sacerdoce, quand le temps, aura quelque peu terni les charmes d'Hétaïra ? Il s'y est déjà employé. Mais elle lui oppose des parades astucieuses. Elle ne rencontre plus jamais ses mimis dehors, où la lumière naturelle n'est pas tendre avec les traces, certes encore discrètes, des années qui passent. Quand par hasard, elle croise dans la rue, un de ses clients, elle file. De toute façon, il ne reconnaîtra pas dans cette femme vêtue d'une doudoune banale, en baskets, le visage nu, les cheveux cachés sous un bonnet, la pulpeuse qui le fait tant rêver. Ce serait peu charitable de le faire tomber de haut. Elle ne les reçoit plus que dans le studio blanc, où toutes les lumières sont soigneusement tamisées, où elle choisit l'angle sous lequel elle se présentera à eux. Et c'est bien comme ça. Hétaïra œuvre dans un monde parallèle, où tout est fantasme et rite. La réalité ne pénètre là qu'en un écho retraversé, où tout déplaisir est évacué. Hétaïra s'est employée à la tenir en échec.

Elle se déshabille maintenant, tire les rideaux pour faire entrer la lumière généreusement, il n'y a plus personne pour la regarder. Elle s'allonge voluptueusement sur son lit, devant la blancheur retrouvée de ses murs nus et savoure le souvenir délicieux des moments qu'elle vient de passer, en écoutant une symphonie de Mozart.

8

Une étrange dépendance

> *Toute dépendance entraîne l'anxiété.*
> *Parce qu'on vit à travers un autre et*
> *que l'on craint de perdre l'autre.*
>
> Anaïs Nin

Valentine s'est mise à l'informatique tard. Depuis son jeune âge, elle avait une machine à écrire. Elle s'était même essayée à la machine à écrire électrique. Mais l'ordinateur… Façonnée par les humanités, produit d'une culture axée sur le livre et l'écrit, elle éprouvait devant cette machine le même sentiment d'effroi que l'indien de la forêt amazonienne, devant le premier appareil photo. Aussi méfiante et mal à l'aise que ce « sauvage », convaincue à l'avance que de cette machine étrange, ne pouvait jaillir que des ennuis. Renouant avec les réflexes ancestraux de peur de l'inconnu, elle mit beaucoup de temps à se résoudre à envisager d'acquérir un ordinateur.

Elle se lança sans filet dans l'aventure. Personne pour la conseiller vraiment, ni pour l'assister. Dépourvue du copain providentiel qui vient vous secourir, elle alla seule à la FNAC et acheta le premier portable venu. Quand on lui livra les différents éléments de l'appareil, elle se laissa tomber à terre, devant les cartons, totalement terrifiée par la perspective de devoir en sortir des appareils, lire des notices dont elle était sûre qu'elle n'y comprendrait rien. Au bord de la crise de panique, elle remit au lendemain la tâche qui l'attendait.

Elle ne se souvient même pas comment le portable se retrouva prêt à l'emploi. C'était un portable première génération, lourd et encore expérimental. Un grand blanc s'est interposé dans sa mémoire entre la réception des cartons et l'apparition du portable en relatif état de marche. Sans doute l'assistance de Danielle, une vieille copine retrouvée, fan d'informatique, y fut pour beaucoup. La suite fut un long calvaire, ponctué par les pannes de l'appareil, les appels au secours à la hotline, les attentes interminables au téléphone, les expéditions vers les diverses officines réparatrices, où Danielle la véhiculait. Entre temps, Valentine apprivoisait le maniement du traitement de texte et d'Internet. Pertes de textes, bugs, plantages, écran noir, elle connut tout. Et à chaque incident, une angoisse irrépressible, un tremblement de tout le corps, des palpitations. Elle se sentait totalement démunie, incapable de réfléchir, de raisonner. Devant ce maudit appareil, elle perdait ses moyens et retrouvait l'angoisse existentielle des premiers hommes face au silence des espaces infinis.

Cela dura trois ans, le temps de la garantie de l'appareil. Comme par hasard, sa carte-mère mourut juste là. La changer aurait coûté aussi cher que d'acheter un nouvel engin. Elle remisa sans regret la machine noire et stupide qui avait si fort excité son adrénaline. Alors, dégoûtée par la versatilité des portables, elle opta pour un fixe. Le neveu de Danielle se procura les pièces nécessaires et lui monta en une semaine un de ces gros appareils, avec quantité de fils, une unité centrale, un écran, une imprimante. Le tout pour un prix modique. Danielle lui offrit une table spéciale pour ordinateur, où tous ces éléments trouvèrent leur place.

Une éclaircie en entraînant une autre une amie de Valentine lui donna l'adresse providentielle d'une jeune informaticienne qui travaillait pour son mari et qui était très douée. Valentine éprouva un soulagement intense. Elle allait enfin pouvoir s'en remettre à cette bonne fée.

Voici comment entra dans sa vie informatique Virginie. Celle-ci se présenta sous la forme d'une jeune femme, petite, montée sur talons, très maquillée, très vive et souriante. Pas du tout l'image qu'on pouvait se faire d'une informaticienne. Elle prit en main le gros appareil, virevolta autour des fils, brancha, débrancha, installa des logiciels, surfa, cliqua, sur les différents postes de l'appareil, découvrant à Valentine, éberluée, les infinies ressources de l'engin. Celle-ci se sentit envahie par une chaleur bienfaisante, celle que prodigue la confiance.

Désormais, elle savait que s'il y avait problème, il suffisait de téléphoner à Virginie. Bientôt se noua entre les deux femmes une sorte d'amitié. Valentine, soucieuse de s'attacher Virginie, s'intéressait à elle, lui posait des questions sur son travail, son mari. Mal lui en prit. Peu à peu, les séances de dépannage, se doublèrent de séances de psy. Virginie avait toujours des tas de problèmes, d'argent, de voiture, de boulot, bientôt de mari…et elle les déversait dans l'oreille patiente de Valentine, tout en tripotant l'ordinateur, d'un air distrait. Elle faisait tout, sans rien expliquer à Valentine, spectatrice muette et admirative devant ses manipulations mystérieuses. Virginie allait si vite que Valentine ne pouvait suivre. Plus tard, en confrontant son expérience avec celle des autres, elle se rendit compte que de façon générale, les informaticiens appartiennent à une espèce pressée et peu pédagogue. Imbus de leur expertise, ils exercent sur leurs patients généralement ignares, un pouvoir facile. Formés sur le tas, peu diplômés, ils prennent une sorte de revanche sur leurs victimes. Virginie, comme beaucoup d'informaticiens, ne savait ni ne voulait transmettre son savoir. Visiblement, elle ne tenait pas à ce que Valentine s'émancipe. Quand celle-ci triomphait toute seule d'une difficulté et l'annonçait fièrement à Virginie, cette dernière approuvait avec un sourire crispé. Incontestablement, c'était une petite dominante qui aimait tout régenter : son mari, ses clients…

Valentine resta longtemps dans cet état de dépendance. Elle regardait la jeune femme tapoter sur son clavier, s'interrompre pour répondre à son portable, puis repartir dans ses interminables confidences. Valentine sortait de ses entrevues certes rassurée sur le bon fonctionnement de son appareil, mais dans un état d'épuisement caractérisé. Elle ne pouvait se réfugier, comme ses homologues rémunérés, les psy., dans cette attention flottante qui permet le recul. Virginie attendait que Valentine rebondisse et commente.

Elle n'était pas nette, la petite dame. Elle faisait des chichis pour accepter d'être payée, prétendant venir en amie. Mais empochait sans sourciller le chèque que lui tendait Valentine, laquelle ne savait pas quoi donner et donnait sans doute trop. Elle avait si peur de perdre Virginie, de se retrouver dans la situation précédente de dénuement, qu'elle accepta cette situation. Elle se rendait bien compte qu'elle était la dupe de ce marché tacite. Non seulement elle payait Virginie, mais encore elle lui servait de psy gratuite. D'ailleurs une fois, la jeune femme le reconnut.

- Si je devais vous payer les séances d'écoute…

Il lui fallut des années pour prendre du recul par rapport à cette dépendance, qui n'était pas sans lui rappeler la dépendance amoureuse. Le besoin, quel qu'il soit, ravive chez nous sans doute, les sentiments d'anciens bébés que nous fumes, pieds et poings liés à la mère nourricière, dont dépend notre survie. Sinon comment expliquer la passivité de Valentine dans cette affaire ? Elle en était consciente, mais ne cherchait pas à en sortir, comme si elle devait payer doublement la tranquillité que lui apportait Virginie. Elle aurait pu faire appel à d'autres dépanneurs, comparer les prix et les compétences. Elle n'en avait pas le courage, d'autant qu'elle était satisfaite des prestations de Virginie. Celle-ci avait su se rendre indispensable, avec la complicité active de Valentine. Recourir à un concurrent aurait presque relevé de la trahison, tout au moins, c'est ainsi que le ressentait

Valentine. Quand une des pièces de l'ordinateur était défaillante, Virginie la remplaçait, fourrageant dans les entrailles de l'unité centrale avec maestria.

La confiance qui s'était établie entre elle et Virginie était précieuse. Elle lui avait appris à apprivoiser l'appareil. Elle en vint à aimer celui-ci, oui aimer. Elle lui parlait, lui était reconnaissante d'être un bon garçon, sans histoires. Pas comme l'autre, le portable infernal.

Bientôt Valentine redouta les rencontres avec sa dépanneuse. Elle ne fit appel à elle que dans les cas où elle ne pouvait pas faire autrement. Cela l'obligea à se débrouiller toute seule, à prendre de l'autonomie. Elle réussit à extorquer des explications écrites à Virginie, prétexta des rendez vous pour écourter les séances. Elle prit même contact avec un autre informaticien recommandé. Mais ne réussit quand même pas à le convoquer.

Un jour viendrait sans doute où elle le ferait. Tout comme Swann avait réussi à quitter Odette de Crécy, dans « Un amour de Swann ». Mais elle ne se demanderait pas ce qu'elle avait bien pu trouver à Virginie. Elle était incontestablement une bonne informaticienne. Il y a des degrés dans la dépendance. Mais il s'y joue souvent les mêmes enjeux.

Cette histoire amène une question. Et si la servitude n'était pas vraiment volontaire ? Le besoin de s'en remettre à l'autre, le doux confort que cela procure ont à voir avec la peur de l'inconnu, et relèvent de la tentation de la régression. Si la volonté intervient, c'est en figurante souvent impuissante.

9

Les experts

Un expert, c'est un homme ordinaire qui donne son avis…quand il n'est pas à la maison.

Oscar Wilde

- Je ne veux pas vous voir revenir dans trois mois en rampant et à moitié aveugle, a aboyé l'orthoptiste en me foudroyant du regard. Du moins, l'ai-je imaginé étant donné qu'à ce moment précis, j'étais tellement terrifiée que j'avais vraiment l'impression de devenir aveugle.

- Vous exagérez peut-être un peu, avais-je rétorqué en grimaçant.

- C'est votre problème. Je vous aurais prévenue, avait conclu l'élégante jeune femme que j'avais jusqu'à cet incident trouvée charmante et compétente.

Pour d'obscures raisons, j'avais décidé de quitter l'ophtalmologiste qui me suivait depuis vingt ans. Il m'avait paru nerveux, pressé, angoissé et après d'innombrables examens dont il avait été incapable de me prouver l'intérêt, il avait conclu que je devais impérativement mettre des gouttes dans les yeux jusqu'à la fin de mes jours.

Vieillir c'est entre autres agréments se découvrir chaque année un nouveau bobo. Celui-ci engendre en général la prise quotidienne et à vie d'un nouveau médicament qui gonfle votre trousse de toilette lors des quelques voyages que vous avez encore le courage d'accomplir.

En patiente obéissante, j'achetais cependant les gouttes prescrites et j'entrepris la lecture de la notice. J'y appris que si je ne les supportais pas, j'allais être atteinte par d'innombrables maux, que mes yeux allaient changer de couleur, mes cils s'allonger et qu'au moindre symptôme bizarre, je devais me précipiter chez mon ophtalmologiste.

J'avoue que j'ai craqué. J'ai remisé la notice et les gouttes dans un coin reculé de mon placard à médicaments et j'ai décidé d'aller voir un autre médecin.

Il y avait environ quinze personnes dans la salle d'attente du docteur X. Cela augurait bien de sa compétence. Les patients patients étaient plongés dans la lecture de revues sur le nautisme que cet éminent spécialiste avait la bonté de mettre à la disposition de ses clients âgés et peu portés sur la navigation à voile.

Quand il ouvrit la porte, j'aperçus un homme grand et élégant légèrement arrogant. Je me replongeais dans les aventures des amateurs de sorties marines en me demandant par quelle aberration j'avais décidé de quitter le gentil angoissé pour un grand arrogant.

Une heure et demie plus tard, alors que j'avais eu tout le temps nécessaire pour réfléchir à la grossièreté des médecins et divers dentistes qui considèrent qu'une attente chez eux est un bienfait des dieux et ne prennent pas les mesures qui s'imposent pour tenter de la réduire, il prononça mon nom d'un ton professionnel.

Je sais de longue date qu'il faut faire profil bas devant toutes les autorités qui possèdent un pouvoir sur vous. Je cachais donc mon exaspération et souris d'un air soumis. Il me regardait en silence. Ma voix trembla quand je tentais de lui expliquer pourquoi j'avais abandonné mon vieux médecin angoissé, comment la notice du médicament m'avait effrayé…

Je m'efforçais de rendre mon récit humoristique afin de ne pas trop ennuyer l'homme de l'art.

Il m'intima brusquement l'ordre de rejoindre le cabinet noir et décida sur le champ qu'il fallait que je change de lunettes. Persuadée qu'une telle autorité ne pouvait résulter que d'une réelle compétence, j'obtempérais et me rendis sur le champ chez mon opticien préféré.

Je vis un soupçon d'hésitation dans les yeux du jeune employé qui me reçut mais la consultation de la maîtresse des lieux y mit fin.

Quand je revins prendre possession de mes lunettes, je m'aperçus qu'elles me faisaient voir double et m'occasionnaient des sortes de vertiges et de peurs soudaines de rater une marche dans un lieu qui en était dépourvu. On me rassura. On m'affirma que j'allais m'habituer et que le docteur X. qui semblait entouré d'une sorte de vénération ne se trompait jamais.

Je souffris ainsi pendant une semaine. C'est alors que je décidais d'aller voir cette jeune orthoptiste chez qui je faisais depuis une dizaine d'années des exercices de convergence souffrant paraît-il d'un strabisme heureusement invisible. C'est chez elle qu'intervint l'incident rapporté au début de ce récit. Elle passa une heure à démolir le fameux docteur X, prédit que si je continuais à porter ces lunettes des évènements funestes ne manqueraient pas de me faire pénétrer dans des univers ténébreux.

Pétrifiée par ces prédictions formulées sans le moindre doute, je téléphonais alors au Docteur X pour savoir s'il pouvait me prendre entre deux rendez-vous. Je n'aime pas les passes droits, mais la vision de trottoirs ondulants, de mots en double m'avait rendu nerveuse.

Je retrouvais la salle d'attente pleine à craquer et réussis à saisir un vieux numéro de l'Express avant mon voisin qui se contenta des bateaux. Quand le docteur X. appela mon nom, une sorte de révolte apparut dans les yeux des quinze personnes qui attendaient depuis des heures.

Le docteur X me considéra avec une sorte de pitié. Une fois encore, je m'embrouillais dans le récit de mes aventures chez la jeune orthoptiste. Il parut scandalisé puis m'affirma que ces soi disant séances de convergence étaient inutiles dans mon cas. Je me sentais humiliée, incapable de réagir. Il s'étonna que je fasse plus confiance à une orthoptiste qu'à lui. Je lui remis une sorte de rapport qu'elle avait rédigé. Il y jeta un regard méprisant et déclara que ça n'avait aucun sens. Il ajouta fort en colère qu'il n'avait pas de temps à perdre et que je devais prendre le temps de m'habituer à ces nouvelles lunettes. Il ouvrit la porte, m'indiqua d'un mouvement las de la tête qu'il n'y avait rien à payer et accueillit avec ravissement une jeune femme et son petit garçon qui venaient d'entrer.

En rentrant chez moi, je tremblais de tous mes membres. J'envisageais une lettre explicative dont je rédigeais le texte vigoureux tout en essayant de ne pas tomber sur les marches imaginaires qui surgissaient tout à coup et pourquoi pas un procès pour impolitesse caractérisée.

J'ai fini par m'habituer à ces maudites lunettes, mais un désir de vengeance pour ces humiliations infligées avec tant de suffisance ne me quitte pas.

Les juristes parlent d'abus d'autorité sur personne en état de faiblesse. Et si cette qualification s'appliquait aux rapports entre les simples citoyens et les spécialistes quels qu'ils soient.

10

Les (faux) amis

Chacun se dit ami : mais fou qui s'y repose,
rien n'est plus commun que le nom,
rien n'est plus rare que la chose.

La Rochefoucauld

La fin d'après-midi est splendide sur cette partie de l'île de Formentera. Nous sommes au milieu des années 80 et aucune construction intempestive n'est venue défigurer le paysage. Les petites maisons blanches parsèment la lande. La mer est douce, d'un bleu de carte postale. Le silence n'est interrompu que par les petits coups de marteau du voisin sculpteur.

Nous sommes assis sur le banc de pierre devant la maison. Nous regardons la mer s'obscurcir et observons du coin de l'oeil notre setter immobile devant ce qui doit être un lézard. Notre fille fait une réussite dans sa chambre.

Le dîner est prêt. La table est mise sous la véranda. Les bougies sont allumées.

Nous attendons des amis de longue date. Nous les avons connus en 1968 dans une manifestation. Il y a quelques jours, je les ai rencontrés par hasard sur la plage. Nous ne nous étions pas vus depuis presque 15 ans.

Max évoque les longs cheveux bruns de Denise, sa peau dorée, son corps de petit saxe.

Je me souviens de ma jalousie avec une pointe de nostalgie.

- Tu crois que nous avons encore des choses à nous dire ? demande –t-il légèrement inquiet à l'idée de voir resurgir des ombres du passé.

- Je ne sais pas. Je les ai trouvés un peu snobs, mais dans l'ensemble semblables à eux-mêmes.

La chienne a cessé son interminable guet. Elle observe le chemin de terre bientôt rejointe par notre fille. La méhari surgit et bouscule la tranquillité de ce bout du monde. Denise et ses deux enfants en jaillissent :

- Jean-Pierre s'excuse. Il est désolé, mais il est en train de terminer son livre. Il vous salue, s'exclame Denise en nous embrassant.

Les enfants entourent la chienne sans nous dire bonjour.

- Mais c'est ravissant ici. Venez les mômes, on va visiter.

Ils foncent dans la maison, poursuivis par la chienne. Nous tournons tous les trois autour de la table en nous demandant si la proverbiale impolitesse soixante-huitarde est encore de mise quinze ans après. J'enlève nerveusement un couvert en pestant intérieurement contre ce malappris de Jean-Pierre et je vais touiller le plat de calamars qui mijote sur la gazinière.

La petite bande est réapparue. Ils s'installent autour de la table. Le garçon proclame qu'il a très faim et demande avec véhémence ce qu'il y a à manger. La petite fille caresse la chienne, se blottit contre sa mère, dit qu'elle est fatiguée et qu'elle veut rentrer chez elle.

Profitant de quelques minutes de relatif silence, Max interroge :

- Alors, ma chère Denise, à part ces deux charmants bambins, qu'as-tu fait pendant toutes ces années ?

Comme si elle n'attendait que le top du départ, Denise entame alors un long monologue. Elle fait un travail passionnant à la PJJ. Elle vient d'ailleurs de terminer un rapport pour le ministère qui va faire grand bruit à ce sujet. Il faut dénoncer cette politique répugnante. Je résume un discours qui dure de très longues minutes.

Je tente vainement de demander ce qui s'est passé à la PJJ et je murmure que je m'occupe d'une revue critique du droit. Elle ne m'entend pas tout entière plongée dans son interminable discours qui révèle peu de choses sur ses activités quotidiennes et ne tolère aucune interruption.

Les enfants, après avoir mangé le plat principal, sont partis dans la chambre de notre fille.

Nous avons renoncé à interrompre la logorrhée. Je fais du pied à Max. C'est le geste convenu entre nous pour tenter d'empêcher l'une de ses colères proverbiales.

Sans que rien ne l'ait laissé prévoir, Denise a enchaîné sur ses activités dans l'île. Il en ressort qu'elle y mène grand train, retrouve « la bande » tous les jours au marché, danse jusqu'à pas d'heure, connaît tous les gens qui comptent et envisage sérieusement avec son mari de faire construire une maison sur un terrain qu'ils avaient acheté par hasard juste après mai 68 à un prix dérisoire.

Les gosses sont revenus pour le dessert. Ils réclament des glaces et font d'horribles grimaces quand je présente un plateau de fruits. Max est parti marcher sur le chemin pour éviter de s'énerver.

- Mais où est passé Max ? s'étonne Denise quand elle se rend compte de son absence.

- Il est déjà 10 heures, je ne peux pas rester trop tard, les enfants se sont couchés tard hier. Il y avait une fête somptueuse chez les Suédois. Tu les connais ?

- Ah, Max, ou étais-tu passé ? Toujours bizarre hein ? Et toi, qu'est-ce que tu deviens ?

Je me suis tapie au bord du banc dans l'obscurité. J'ai l'impression d'être devenue invisible.

Max, calmé par sa promenade, répond avec un sourire coquet :

- J'ai écrit plusieurs livres et d'ailleurs, le dernier est sorti juste avant les vacances.

- Petit cachottier ! Est-ce que je peux le voir ?

Denise prend le livre que lui tend Max. Il commence à lui expliquer ce qu'il a voulu faire en l'écrivant.

Elle regarde l'éditeur, fait une petite moue, le feuillette, puis déclare :

- Il faudra qu'on en reparle. C'était vraiment génial de se revoir. Téléphonez-nous à Paris. Puis elle clame :

- Les enfants, on s'en va !

Elle pose le livre près d'une pêche abandonnée sur la table et s'engouffre dans la méhari.

11

La fête des voisins

Il est plus facile d'aimer l'humanité en général, que d'aimer son voisin.

Eric Hoffer

Je me prépare pour descendre à la première fête des voisins organisée dans mon immeuble parisien. De ma fenêtre, je vois les préparatifs et je me réjouis de cette soirée d'autant que l'atmosphère du soir est douce et chaude. Approprions nous la nuit disaient les femmes du MLF. C'est plus facile à dire qu'à faire quand on est une femme seule.

Je vis dans cet immeuble depuis au moins dix ans et je n'y connais personne, à part le couple âgé qui habite sur mon palier. Mais nos échanges se réduisent à parler de nos chiens respectifs qui se haïssent et grondent dès qu'ils sont ensemble dans l'ascenseur.

Quand ces fêtes ont été créées, j'ai trouvé cela génial. En vieille parisienne, j'ai connu tous ces immeubles anonymes où demander du sel à son voisin relève d'un culot que je n'ai pas. À tort, il faut bien que quelqu'un commence.

La fête est organisée dans la cour de l'immeuble. La gardienne a fait l'essentiel des tartes salées et sucrées et les autres semble-t-il ont apporté les boissons.

Je dépose mes deux bouteilles de jus d'orange. Au bout de la table, on a installé la centenaire de l'immeuble dont c'est justement l'anniversaire. À côté d'elle sont assis mes deux sympathiques voisins avec le chien à leurs pieds. Mon chien est à la campagne avec mon mari.

Je suis joyeuse d'être dehors par ce temps printanier, au milieu de gens que je ne demande qu'à connaître. Je salue mes voisins de palier, caresse le vieux chien, échange quelques mots avec la gardienne et félicite la centenaire. Tout en picorant un bout de tarte, je repère les autres occupants de la cour.

J'aperçois l'homme pressé que je rencontre fréquemment traînant une petite valise. Il a l'air un peu revêche. Souvent en le voyant courir, je l'imagine en héros d'un roman d'Agatha Christie, transportant les restes de sa belle-mère dans sa valise. Je m'approche de lui. Il a un léger mouvement de recul que je préfère ignorer.

- Bonjour, comment allez-vous ? Vous savez que vous m'intriguez. Ou courez-vous toujours ainsi et quels bibelots cachez-vous dans votre bagage ?

- Je suis représentant en vins, répond froidement l'homme.

Il me fait une sorte de salut militaire et s'éloigne pour rejoindre son fils qui ne parvient pas à dompter sa trottinette et hurle à la mort.

Quel con ! Mais je ne me laisse pas décourager, avale un verre de vin et repart à l'assaut.

J'avise alors la femme du représentant en vins qui me regarde fixement. Avec ma cinquantaine bien avancée, mes cheveux poivre et sel, je ne peux pas imaginer un instant que quiconque me voie comme une rivale potentielle. Je me dirige vers elle et tout en l'informant que j'ai récupéré un vieux torchon sur mon balcon qui doit provenir de chez elle, j'ajoute :

- C'est vraiment chouette cette initiative !

- Oui, répond la femme au torchon. Puis elle interpelle son fils braillard et s'éloigne.

Je me demande un instant si j'ai une mauvaise haleine ou si, comme me l'a dit une prétendue amie, il y a quelques mois, je ne suis pas assez « désirante » ! Je vais me réfugier auprès de la centenaire et l'interroge sur sa vie. Elle est intarissable sur son métier de couturière dans le Paris des années 1920. Certes, elle ne semble pas intéressée par ce que je fais. Mais à son âge, s'intéresser aux autres demande de l'héroïsme.

Dans un coin de la cour un groupe d'une dizaine de personnes semble beaucoup s'amuser. Ils sont assez beaux, ont la quarantaine élégante et s'esclaffent bruyamment.

Légèrement ivre, je m'approche d'eux. Ils forment une espèce de fortin difficile à franchir surtout pour une petite femme. Je les entends évoquer leurs grandes fêtes, la colère des voisins. Ils esquissent quelques pas de danse. Une longue jeune femme blonde et mince occupe l'attention et la convoitise des mâles du groupe.

Malgré mes efforts, aucun d'entre eux ne s'aperçoit de ma présence. Non désirante ?

- Je rejoins la gardienne solitaire. Nous échangeons quelques mots sur le temps, les locataires qui ne sont pas venus, la vitalité de la centenaire. Puis nous n'avons plus rien à nous dire et nous fumons en silence.

Un homme sans âge gris, triste, mâchonne du saucisson près du buffet. Je ne l'ai jamais vu. Il semble perdu dans des pensées sinistres.

Rendue de plus en plus courageuse par le vin, je m'approche de lui, lui tend la main et me présente :

- Régine, 2ᵉ étage, enchantée. Êtes-vous nouveau dans l'immeuble ?

Il semble apeuré. Il répond sèchement qu'il vient d'emménager au sixième étage, que Sa Femme n'est pas là en ce moment, mais qu'elle doit rentrer d'ici quelques jours et qu'il est descendu pour grignoter parce que quand Sa Femme n'est pas là il ne mange pas. Puis, il se tait.

Je réfrène une folle envie de l'insulter et je finis par articuler :

- Bonjour à votre femme.

Il n'est que 22h. La nuit est magnifique. La sagesse voudrait que je rentre chez moi, oublie tous ces coincés et me vautre sur mon canapé devant la télévision. Je salue mes vieux voisins fatigués, constate que la centenaire n'est plus là et m'apprête à disparaître discrètement.

La jeune femme blonde et longiligne est seule au milieu de la cour. Je m'approche d'elle, me présente et face au silence de la dame ne trouve qu'une question non dépourvue d'arrière-pensées:

- Que faites-vous dans la vie ?

Si elle répond, je lui dirai que je suis prof de fac. Elle sera sans doute envieuse et je me vengerai ainsi de son indifférence.

- Assistante de direction, répond la blonde avec un air de défi. L'un de ses hommes l'appelle. Elle s'excuse à peine, me plante là et rejoint sa bande.

Cela fait maintenant quinze ans que nous vivons dans cet immeuble Notre voisin de palier est mort juste après son chien. La belle blonde a vieilli. Elle traîne sa longue silhouette décharnée sans jamais regarder les gens qu'elle croise. Il semble que la centenaire soit morte, dans l'indifférence générale et d'abord la mienne.

Heureusement que nous pouvons aller chercher du sel chez l'un des quatre épiciers tunisiens proches de chez nous. L'argent facilite les contacts.

Quand j'évoque cette fête, il m'arrive de penser que je suis peut-être responsable de cette absence de communication ? En me regardant dans la glace, je me demande si mon sourire n'a pas quelque chose d'ironique ou de méprisant ou de non désirant.

Mais le pire est que l'âge venant, je suis de moins en moins intéressée par les autres. Peut-être les autres à force de rebuffades, réagissent-ils comme moi ! Courage, camarades, le vieux monde est derrière nous.

12

L'arrogance des sous-fifres

> *Messieurs, ce sont les petits abus et les petites erreurs qui déshonorent une administration.*
>
> Alain

9 heures du matin au Bureau des étrangers de la préfecture de Nanterre.

Les étrangers sont assis en rang d'oignon, le regard arrimé sur les guichets encore fermés qui leur font face.

Ils sont une centaine. Ils viennent d'un peu partout dans le monde. Les visages sont fatigués, fermés. Certains s'assoupissent. Ils ont fait la queue par un froid glacial de février dehors pendant des heures.

Des conversations s'engagent. Ils se racontent leurs péripéties, en français, en bambara, en chinois, en anglais, en arabe.

Quelques bébés crient dans les poussettes.

Les plus grands se taisent, rêveurs, comme s'ils avaient déjà compris que l'attente faisait partie de leur vie.

Deux guichets ouvrent pour le renouvellement des cartes de séjour. Les gens concernés prennent leur carte et sortent sans regarder les autres, Peut-être éprouvent-ils le besoin de se sentir acceptés, normaux, pas comme les gens qui attendent.

10 à 11 heures

Rien ne se passe, sinon l'attente. Aucun employé n'est visible. Il y a eu quelques déplacements dans la salle. Mais la plupart sont restés à leur place, Les bébés se sont endormis. Les personnes qui vont chercher leur carte grise dans une salle voisine traversent les lieux sans regarder les étrangers.

11 heures 30

Une petite dame replète surgit de nulle part. Elle arbore sur son visage rond et pâle l'air féroce de ceux qui ont peur de ne pas se faire obéir mais qui savent qu'ils détiennent à ce moment précis l'autorité absolue sur les étrangers.

Elle appelle certaines personnes de sa voix étouffée. Comme s'ils répétaient un ballet joué et rejoué, la plupart des gens se lèvent et viennent faire la queue devant la cahute préfabriquée qui sert de repaire à la dame. Quelques bousculades, quelques engueulades, mais rien de grave.

La petite dame consulte les passeports déposés et scrute son ordinateur. Les étrangers serrent contre eux un sac à dos, un vieux cartable ou un sac en plastique bourré de papiers. Ils ont déposé dans la cahute ce qu'ils ont de plus précieux, leur passeport. Comme on ne leur a remis aucun ticket en échange, ils stationnent autour de la cahute. Les habitués expliquent qu'après vérification de leur passeport, on va leur remettre le ticket qui va leur permettre d'être reçus pour un examen individuel de leur demande de régularisation.

Inquiets, ils s'agglutinent quand même autour du préfabriqué.

La petite dame leur crie des imprécations derrière la vitre. Puis elle jaillit, tend un doigt vers les gens debout et hurle aussi fort que sa voix le lui permet :

- Assis ! et comme certains rechignent, elle répète :

- Assis ! je ne veux voir personne debout !

Elle vérifie que sa parole a été entendue et s'engouffre dans l'habitacle. Ceux qui n'ont pas trouvé de chaises se cachent derrière les poteaux.

12 heures

La machine à café a rendu l'âme. Des femmes allaitent leur bébé. Aucune machine ne distribue des barres chocolatées ou des chips. L'attente a repris.

12 heures 30

Deux jeunes gens commencent à distribuer des tickets à ceux qui n'ont pas donné leur passeport. La petite dame continue à scruter son ordinateur. De temps en temps elle jette un coup d'œil dans la salle pour voir si tout le monde est assis.

Tout à coup, elle est là tenant des papiers et des passeports à la main. Un groupe l'entoure. Elle distribue des tickets avec des numéros et leur dit d'attendre devant le bureau 10. Puis elle disparaît aussi rapidement qu'elle est apparue.

Une rumeur parcourt les rangs. Le bureau 10 n'ouvre qu'à 14h. Une jeune avocate rouspète, dit que tout cela est scandaleux. Les étrangers la regardent avec bienveillance, mais ne s'associent pas à sa révolte. L'un d'eux murmure : « S'énerver est un luxe dont nous n'avons pas la force. »

L'avocate a alpagué un homme qui ressemble à un fonctionnaire important. Elle l'interroge sur les heures d'ouverture du bureau 10. Elle est jolie. Il lui sourit et répond, plaisantin : « ça change tous les jours. Avec un peu de chance, il va ouvrir plus tôt aujourd'hui. », puis il ajoute à voix basse : « Si vous avez faim, il y a une cafétéria en haut ».

13 heures 30

Les stores du bureau 10 s'ouvrent. La petite foule s'agite un peu. Un grand Africain regarde l'occupante du bureau et s'adressant à ses voisins déclare rigolard : « On est mal barrés, c'est une peau de vache ». Les autres fouillent une dernière fois dans leurs papiers ou fixent le numéro inscrit sur leur ticket. Des hommes entourent l'avocate et lui demandent de les aider à remplir le formulaire qui leur a été remis.

14 heures 30

Cela fait plus de huit heures qu'ils attendent ; La plupart n'ont pas dormi, ni bu ni mangé depuis la veille.

Le client de la jeune avocate est appelé. Certains regards sont envieux, la plupart sont indifférents.

14 heures 45

L'avocate et son client ressortent. L'employée a refusé le dossier. L'homme n'a que neuf mois de résidence sur le département. Il lui en faudrait 12. Il est en France depuis 12 ans. Il a un travail. Il parle parfaitement le français. Il marmonne « qu'un jour, ils feront tout péter dans ce pays, qu'il a respecté la loi jusqu'à présent mais que ça ne marche pas ». La jeune avocate promène sa silhouette élégante dans le hall en parlant dans son portable. Elle raccroche satisfaite et déclare à son client qu'elle va faire un recours devant le tribunal administratif pour refus de guichet. Elle ne sait pas encore que les tribunaux les rejettent en général.

15 heures

Une vague d'énervement traverse les rangées de fauteuils.

Une femme raconte à sa voisine :

- J'ai quitté mon pays à l'âge de vingt-cinq ans parce que ma famille voulait me marier de force. J'ai presque quarante ans maintenant. Je suis seule. Je n'ai pas de papiers et pas d'avenir ni ici ni chez moi.

Une jeune fille est appelée. Légère, elle court jusqu'au bureau 10, ouvre la porte, ne voit personne, n'ose pas rentrer dans ce lieu désert, referme et attend dehors.

La porte s'ouvre. L'employée se plante devant elle et hurle :

- Qu'est ce que vous faites ? Vous prenez racine ? Vous croyez peut-être que je n'ai que ça à faire, vous attendre ? Si je voulais, je pourrais passer au suivant ! puis magnanime, Allez, entrez.

15 heures 30

Un deuxième bureau a ouvert, à côté du n° 10. Une femme bien habillée suivie d'une jeune philippine entre. Dix minutes plus tard, elle en ressort, bouleversée. Avant de fermer la porte, elle se met à insulter l'employée. Elle la traite de raciste, s'étonne que l'on puisse avoir si peu de considération pour des êtres humains, que c'est l'arbitraire total, qu'elle avait enfin trouvé quelqu'un pour s'occuper de son père qui a la maladie d'Alzheimer, qu'elle va se plaindre à X ou Y…

La sous-fifre sort, vocifère que si elle n'arrête pas son discours, elle va appeler la police et faire expulser son employée de maison qui ne parle même pas le français !

15 heures 45

Les bureaux vont fermer dans peu de temps. Un homme dit qu'il avait rendez-vous pour son récépissé le mardi précédent mais qu'il a été refoulé à l'accueil, sans qu'on lui dise pourquoi, qu'on lui a dit de revenir aujourd'hui et affirmé qu'il ne ferait pas la queue, mais il pense qu'il ne sera pas reçu. Sa petite fille née en France s'est endormie. « Si au moins, on nous expliquait ce qui se passe. »

16 heures

Il reste une trentaine de personnes qui attendent, alors que les guichets ferment.

13

Terrain glissant

En cette fin d'après-midi, je rentre à la maison. Claude sera sûrement là, devant son ordinateur. Je vais en profiter pour téléphoner à la SNCF, et le faire seule pour éviter de tomber dans le piège habituel. Hier, ça n'a pas raté : l'engueulade à propos du billet commandé par téléphone. C'est réglé comme un mauvais ballet. La plupart du temps, c'est moi qui suis de service au combiné. Claude n'aime pas téléphoner, mais sa présence est envahissante. Pendant que je parle à mon interlocuteur, Claude a la manie de me parler en même temps. Pour me rappeler ce que je ne dois pas oublier. Et que je sais parfaitement. De sorte que je n'entends plus rien de ce que dit l'interlocuteur au bout du fil. Cela a le don de m'insupporter et je fais de grands signes pour arrêter le flux des recommandations.

Bien décidée à régler seule ce problème ferroviaire, je rappelle la SNCF, presque en catimini. Mais voilà que je n'arrive pas à lire le numéro de réservation que Claude a griffonné hier, lors de la première dispute. Dire qu'on me reproche d'avoir une écriture illisible ! J'ai beau m'user les yeux, je n'arrive pas à déchiffrer la moitié des lettres. Que faire ? Je pourrais aller dans le bureau de Claude et lui montrer son gribouillis. Mais je l'appelle. Bien beau de me reprocher mon écriture illisible. Là c'est son tour. Par là dessous, un vilain sentiment de revanche à propos de l'écriture, la mienne si souvent stigmatisée. Claude vient à la rescousse et déchiffre, non sans peine, ledit numéro. Je ne peux m'empêcher de proférer la phrase qui va mettre le feu aux poudres :

- Si tu écrivais mieux aussi ! Dire que tu me reproches toujours mon écriture !

L'écriture sera aujourd'hui le déclencheur. Car j'enchaîne en lui demandant de me lire les chiffres de la carte bleue, pour me faciliter la tâche. Il faut dire aussi que ces chiffres imprimés en relief, varient avec la lumière. Mais probablement énervée par le contexte, Claude se trompe. L'opératrice, au bout du fil, me signale l'erreur. Et je ne peux m'empêcher à nouveau de dire :

-Tu t'es trompée de chiffres ! Pour quelqu'un qui voit bien...

Un cri de fureur me répond et la porte du bureau claque.

Et voilà ! C'est parti. L'enchaînement des impatiences s'est mis en place : celles de Claude, que j'ai dérangé dans son bureau pour mieux lui reprocher d'avoir une écriture illisible, et les miennes, à base de revanches à propos du téléphone et de l'écriture. Peu importent les prétextes, ce qui compte c'est de vider son sac.

La dispute est la soupape d'échappement aux frustrations de la relation à deux. Un peu comme une saignée qui vide le trop plein d'inévitables agacements engendrés par les frottements de la coexistence. Chaque couple a ses thèmes privilégiés d'accrochage. Pour Claude et moi, l'association téléphone + commande de billets de train, conduit inévitablement à l'empoignade.

Chacun/e de nous pourrait écrire sa liste des frustrations qu'engendre le frottement avec l'autre. Car la relation à l'autre débouche inévitablement sur du frottement, lequel peut amener à la collision ou la collusion. Ce serait une fatalité de la coexistence humaine, qui culmine au niveau collectif par les sempiternelles et meurtrières guerres que connaît l'espèce.

Premier constat : il y a un continuum entre les petites guerres que nous nous faisons et la grande guerre, entre les petits abus de pouvoir que nous pratiquons entre nous et le grand méchant Pouvoir qui nous opprime.

Deuxième constat : la guerre, sous toutes ses formes, est le résultat de notre façon encore archaïque d'être au monde. Nous n'arrivons généralement pas à nous entendre par incapacité à sortir d'un ego omniprésent, orgueil mal placé, surdité à ce qui n'est pas nous, peur de l'autre, inaptitude à se mettre à sa place. Bref essentielle fragilité. Ne pas s'entendre dit bien ce que ça veut dire : nous n'entendons pas ce que dit vraiment l'autre, ni n'essayons de l'entendre parce que nous projetons sur ce qu'il dit ce que nous croyons qu'il dit. Brouillages, parasitages, cris et crachotements, question communication, nous en sommes à la radio au temps de la dernière guerre, quand ça postillonnait dans le poste et qu'on captait un son sur dix.

Troisième espoir : nous avons fait du chemin depuis l'australopithèque. Malgré un ponctuel et actuel retour en arrière, où le borborygme, sous forme de SMS et autres textos, fait office de langage, l'espoir demeure de continuer dans la lancée de l'homo sapiens, celui qui n'est pas encore advenu.

Rappelons nous Nietzsche, l'homme est un pont, pas un but.

14

La conquête de l'espace

> *L'incivilité n'est pas un vice de l'âme,*
> *elle est l'effet de plusieurs vices : de la sotte vanité,*
> *de l'ignorance de ses devoirs,*
> *de la paresse, de la stupidité, de la distraction,*
> *du mépris des autres, de la jalousie.*
>
> La Bruyère

Léa se prépare. Elle a rendez vous avec son amoureux. Elle a assorti avec soin les couleurs de son haut et de sa jupe toute courte, qui barre le bas de ses fesses, et laisse s'allonger dessous des jambes en collant noir. Elle sort et hume le nez en l'air, les senteurs douces de ce printemps naissant. Elle marche d'un bon pas, fière d'attirer les regards. Le trottoir lui appartient. Mais voilà qu'elle se sent frôlée par quelque chose qui la dépasse en grinçant et virevolte devant en s'éloignant. Un vélo. Et d'un ! Lea sourit, ce matin, elle est magnanime. Quand elle emprunte un vélib, elle évite les trottoirs. Léa a un faible pour les vieilles dames et se dit que ça doit être dur pour elles de se sentir comme un lapin en cavale. Elle avise une vitrine, ne pense pas à regarder en arrière, et s'en rapproche. Cette fois, la collusion est évitée de justesse. Le vélo qui venait derrière l'a heurtée légèrement.

-Vous pouvez avertir quand vous déboîtez ! entend elle. La voix vient du conducteur qui se retourne vers elle, goguenard. C'est un jeune type, le cheveu dressé sous la gomina, l'œil déshabilleur.

- Dites donc, rétorque-t-elle, le trottoir c'est pas fait pour les vélos, mais pour les piétons…

- Oh là là ! Mademoiselle a des principes. Il a mis pied-à-terre, pour mieux la mater.

Léa sent la moutarde lui monter au nez

- Vous savez que vous risquez une amende de 150 euros ?

- Dis donc pétasse, tu vas pas me donner des leçons, non ?

Il lui fait un doigt d'honneur, se remet en selle et lâche en s'éloignant :

- Est-ce que tu suces au moins ?

Léa reste plantée un moment sur le trottoir, estomaquée et hurle :

- Connard, va !

Mais il est déjà loin. Pas téméraire quand même, le connard. Elle était prête à le courser et à lui donner un coup de pied expert dans ses parties pour le coup honteuses. Elle pense simultanément à ses petites vieilles- pauvrettes, elles frôleraient la crise cardiaque - et à sa mère. Sa mère, pour les histoires de drague qu'elle lui avait contées. Rien à voir avec les cochonneries que sortent les galants aujourd'hui, style de celui qui vient de l'agresser. Il paraît qu'alors, en Espagne, c'était la mode du « piropo ». L'admirateur arrivait par-devant, s'arrêtait en extase, mettait la main sur son coeur et récitait un petit poème improvisé d'où il ressortait que votre beauté l'avait littéralement cloué au sol. Il pouvait aussi surgir de derrière et se livrer au même exercice. Ça avait du panache, on faisait mine alors de respecter les femmes.

Léa a l'humeur provisoirement gâchée. Heureusement elle se rappelle la vitrine qui l'a fait dévier de son chemin et elle y revient et la lèche des yeux. Mais elle n'a pas le temps d'entrer, elle a rendez vous.

Elle descend dans le métro. Slalom habituel, des gens la dépassent en la frôlant, d'autres lui arrivent dessus et hop, tout juste, on évite la collision. Léa, après l'incident du trottoir, est agacée. Elle n'avait jamais remarqué, comme aujourd'hui à quel point la circulation piétonne est risquée. C'est la jungle, sans les arbres. Elle avise dans un wagon une place vide au milieu d'autres places vides. Elle va être tranquille. Elle se carre sur son siège et s'apprête à ouvrir son magazine.

Tout à coup, un plouf à côté. Un bonhomme s'est laissé tomber à côté d'elle, sa cuisse plaquée contre la sienne. Il ouvre ses jambes, comme font si souvent les membres du sexe anciennement fort, et prend quasi deux places. Regardez bien dans le métro, les cuisses des mâles : à 90%, elles sont largement écartées, alors que les dames les serrent l'une contre l'autre. Un effet évident de la place attribuée dans nos sociétés aux hommes, confortable et évidente, et aux femmes, restreinte. Pouvait pas aller planter sa graisse ailleurs, pense Léa, en lui lançant un regard furibond de biais. En plus, il sent moyennement bon.

Léa repense à la bicyclette. Elle n'a pas envie d'une nouvelle altercation. Mais n'a pas envie non plus d'être écrabouillée contre la paroi du wagon. Elle opte pour la diplomatie. Elle se tourne vers le gros objet qui étale ses cuissots et dans un sourire suave, lui susurre :

- Monsieur, ça ne vous gênerait pas de vous pousser un peu ? Merci d'avance.

Tout rouge, le voisin lui jette un regard confus et obtempère in petto en balbutiant :

- Excusez-moi, Mademoiselle.

Elle a une mine pleine de gratitude envers lui et il ne sait plus où se mettre. Mais elle n'est pas dupe, si elle avait été moins gironde, il n'aurait pas bronché. Là, il serre frénétiquement ses cuisses l'une contre l'autre.

Et notre Léa peut continuer à l'aise la lecture de son magazine. Dur, la conquête de l'espace.

15

La mare aux mondains

Toute supériorité est un exil.

Madame de Girardin

Ce soir là nous étions invitées pour une soirée mondaine. Il y aurait du beau monde et le thème annoncé était : « Exil et écriture ». La perspective de débattre de cela nous allécha au point de nous faire passer sur la désagréable certitude de nous retrouver avec le public probable de ces soirées parisiennes, que nous fuyions justement pour cela , pour la mondanité creuse qui s'y déploie le plus souvent.

Vanessa a ouvert la porte, tout sourire dehors. Je me suis étonnée que ce ne soit pas Armelle, la maîtresse de céans qui nous accueille. Bientôt, celle-ci est apparue et nous a embrassé chaleureusement : elle manifestait son bonheur à nous voir. Boris, son mari, la rejoignit et nous remercia à son tour d'être là. Nous filâmes vers le buffet.

Plus tard , les autres entourèrent la grande table, chargée de mets délicieux. A part Armelle et Boris , je ne connaissais personne. Nous fûmes sans doute les premières à aller nous installer dans le grand salon, plongé dans la pénombre. Là devait se dérouler le débat annoncé.

Peu à peu, les autres venaient s'installer. Des noms circulaient en principe connus sauf de moi. Il était en particulier question d'un certain Jean Paul Soufflet, philosophe et écrivain de renom que je repérais sous les traits d'un homme à cheveux blancs qui s'assit en face de moi, à côté de Vanessa, laquelle ne manquait pas une occasion de se pencher vers lui avec révérence. Elle faisait fonction de maîtresse de maison et je pariais que beaucoup des invité/es la prenaient pour telle. Visiblement, elle ne résistait pas au fumet de la notoriété. Elle était de celles pour qui comptent avant tout la fonction et la réputation. Elle battit le rappel de ses ouailles, puis quand tout le monde fut là, dans un envol de ses longs cheveux, et tout en croisant haut ses jambes gainées de collants à larges croisillons, elle commença.

Il allait donc être question de « Exil et écriture » et elle nous confia son admiration pour Paul Celan, grand poète que tous étaient censés connaître. Elle évoqua son propre engagement dans son association « Entre deux rives »- il s'agissait de la Méditerranée – et dans la question juive. J'allais d'ailleurs bientôt comprendre que dans ce lieu, l'étude de la Thora était incontournable. Pendant que Vanessa pérorait ainsi doctement, le téléphone sonna. Armelle se leva et alla décrocher. Elle répondit à voix très haute et avec grande amabilité à son interlocutrice, l'assurant qu'elle ne manquerait pas de faire la commission à Vanessa. Celle –ci coupée dans son élan poétique essayait par des signes impatients de tempérer les éclats de voix d'Armelle, apparemment peu consciente de troubler les développements de notre animatrice. On aurait dit une scène de théâtre, avec ces ruptures de ton qui ne manquent pas de déchaîner les rires. Mais là où nous étions, le rire n'était pas de mise, il y eut quelques sourires contraints et ironiques. Pour ma part l'incident me réjouit. Armelle regagna sa place et devant la désapprobation de Vanessa, elle se justifia en affirmant :

- C'était un message pour toi de… Elle est vraiment charmante cette dame. Je ne pouvais pas la planter là, comme ça.

Voilà qu'Armelle s'excusait presque de répondre au téléphone dans sa propre maison.

Vanessa balaya l'incident d'un revers de mains et envisagea de donner la parole sur le thème proposé. Le philosophe à renom intervint in petto. D'emblée, il annonça avec un fin sourire :

- Je vais sans doute vous étonner, mais je souffrirais plutôt d'un manque d'exil.

Un fin sourire assorti d'un accent distingué, style oxfordien, accompagna la nouvelle. Cette entrée en matière était destinée à l'évidence à marquer sa différence et attirer avec une coquetterie de vieux beau l'attention. C'était parti. Je n'ai rien retenu de sa péroraison, sauf sa longueur et la pose avantageuse que le personnage avait pris au milieu d'un des canapés. Mais surtout, il n'y avait qu' un rapport lointain entre les élucubrations du philosophe et le sujet annoncé « Exil et écriture », sauf les références à ses ouvrages. Visiblement, quel que soit le thème, il s'en serait servi pour plastronner. Peut-être, le mélange d'agacement et de somnolence qui s'empara de moi, explique que je sois passée à côté de l'essentiel. Je commençais à ressentir des crispations au niveau du plexus, annonciatrices d'une irritation incontestable.

Insupportables, cette morgue, le creux absolu des propos, le mépris affiché pour ceux et celles dans la salle qui souffraient pour de bon d'exil, et qui étaient venus ce soir dans l'espoir d'en parler. J'étais en train de me demander comment j'allais intervenir, avec cette émotion que suscite toujours en moi la prise de parole en public. Une autre question se posait, qui aggravait la première : quand me serait-il loisible de le faire ? Par quelle fissure allais-je pouvoir me frayer passage dans ce monologue ? Las ! Le philosophe, à peine eut-il terminé son discours que l'homme corpulent que j'avais remarqué en arrivant s'en empara, avec un accent qui confirma son origine hispanique.

Non seulement, il émit le même genre de propos creux, mais encore il nous infligea l'écoute d'un long poème abscons, rythmé par des clochettes du style tibétain le plus chic. Heureusement, après un temps qui me parut interminable, le poème mourut dans une sorte d'essoufflement dont on ne savait pas s'il était volontaire ou dû à l'appareil, peut-être aussi excédé que je l'étais. Dans le court moment qui suivit coururent des murmures approbateurs sur la voix qui lisait l'œuvre, façon de ne pas dire que le poème, lui, avait ennuyé tout le monde.

Il y eut enfin les interventions rafraîchissantes de deux marocaines l'une auteure et l'autre cinéaste, qui abordèrent le sujet et parlèrent trivialement d'elles, et de leurs difficultés à vivre en exil. Enfin on abordait le sujet ! Mais très vite les deux hommes revinrent à la charge. On eut droit ainsi à un ping-pong verbal entre deux machos, celui d'origine, le latino et l'autre, le Français, bien plus redoutable, car il se présente sous des dehors policés.

Pour l'heure, j'en étais à un tel point d'exaspération que je me retenais encore pour ne pas me lever et partir, renonçant à m'exprimer, non sans m'en vouloir. Manu avait disparu de la pièce. Un grand bruit de chaise renversée avait un peu interrompu le ronronnement des discours et j'appris plus tard que c'était là, l'expression de sa fureur. Avant de s'enfermer dans la cuisine avec Armelle, elle n'avait pu s'empêcher de commettre cet acte d'éclat. Je rejoignis à la cuisine Manu et Armelle, qui avaient trouvé refuge dans ce lieu bien féminin et y exprimaient sans retenue leur exaspération. Manu se vengeait sur les pâtisseries. Elle avait éventré un paquet de petits-fours, et elle se servait généreusement tout en avalant un gros éclair au chocolat. Je l'imitais cherchant dans la douceur des gâteaux un réconfort à ma colère.

La partager avec mes amies me fit le plus grand bien. Mais je n'avais qu'une idée : quitter ces lieux. Armelle entreprit de m'en dissuader.

- Si je restais, lui dis-je , ce serait pour aller leur dire que le sentiment d'exil, je le ressens justement parmi eux et que je m'étonne de ne pas voir traiter le sujet .

- Mais va le leur dire ! s'exclama Armelle.

À ce moment, Boris qui était arrivé dans la cuisine renchérit :

- Il faut aller leur dire ce que tu ressens.

- Je ne voudrais pas perturber votre soirée…Vous croyez vraiment que c'est opportun ?

Ils insistèrent et je cédai, d'autant mieux que cela soulageait ma conscience. Il me faut toujours faire un effort pour exprimer mon point de vue, mais je me suis fait un devoir de le faire. Ce qui se passait dans ce salon était banal : même si bon nombre des invités partageaient sans doute notre agacement, ils se seraient fait couper la langue plutôt que de le dire.

Forte de l'encouragement de mes amis, je me dirigeais vers le salon. Le philosophe était en activité. Je m'accoudais derrière un des canapés juste en face de la chaise où était assise Vanessa. Je profitais d'une reprise de souffle de l'interlocuteur pour prendre le mien et je dis m'adressant à Vanessa :

- Si vous me permettez d'exprimer mon sentiment, c'est celui d'exil que je ressens parmi vous. Le sujet abordé n'est me semble-t il pas traité !

Vanessa me coupa d'un ton irrité qui contrastait avec la suavité de ses propos précédents :

- Ce que vous dites est parfaitement déplacé !

Puis elle se tourna délibérément vers son voisin, feignant de ne pas vouloir entendre ma réponse. Alors je l'apostrophai, indignée par ce refus de dialogue, elle qui avait eu ce mot collé à la bouche tout au long de la soirée :

- Vous pourriez me regarder quand je vous parle ! Et cessez de vous tripoter les cheveux comme ça !

L'irritation accumulée annulait ma réserve et me déliait la langue au-delà de ce que la bienséance autorise.

Elle consentit à tourner la tête vers moi et d'un air méprisant lâcha :

- On n'est pas sur un plateau de télé ici, avec témoins et experts… Ce que vous cherchez, vous ne le trouverez pas ici…

S'ensuivit un discours méprisant sur la vilaine tendance à consommer des gens, dont j'étais visiblement la victime. Alors que j'essayais de rétorquer, le vieux philosophe vola à son secours :

- Madame, me dit-il avec son accent distingué, nous ne traitons pas un sujet de bac. Ce n'est pas le lieu. L'air de dire, cela te vole au-dessus de la tête, ma pauvre fille.

Il poursuivit :

- Et puis que cherchez vous par cette intervention ? À défaire cette réunion ? Eh bien, vous allez y arriver !

En effet, un brouhaha s'était élevé. Devant la façon dont tournaient les choses, je décidais de regagner la cuisine. Sur le chemin, des participants m'arrêtèrent pour me parler et me demander de prendre plus longuement la parole. Je n'en avais pas envie. Armelle et Boris me rejoignirent dans la cuisine tous les deux, satisfaits que j'aie semé le trouble dans la fourmilière.

Pas besoin d'aller aux antipodes pour se sentir en exil. Je ressentis fortement ce sentiment d'étrangeté ce soir-là à Paris. Quant à Armelle, elle se trouva en exil chez elle.

Dans ce sens, la soirée illustra paradoxalement le thème proposé : « Exil et écriture ». Avec l'écriture en moins.

16

Brève histoire des Femmes en Noir de Paris

Que de choses il faut ignorer pour agir.

Paul Valéry

Il faisait un temps magnifique en ce dernier samedi du mois d'août 2001 quand avec une dizaine de femmes en noir nous avons pris possession d'un bout de trottoir devant la Fontaine des Innocents, à Paris.

Tout avait été décidé rapidement avec quatre autres femmes, quelques semaines plus tôt dans un bistrot du quartier des Halles. Nous étions toutes les cinq des militantes chevronnées du camp de la paix, et la détérioration de la situation en Israël et en Palestine depuis l'échec du processus d'Oslo et le début de la deuxième Intifada nous imposaient d'agir. Nous décidâmes rapidement que notre modèle serait Les Femmes en Noir Israéliennes et Palestiniennes, qui depuis presque vingt ans dénonçaient l'occupation israélienne à un carrefour clé de Jérusalem.

Nous nous voulions indépendantes de tout groupe existant. Nous désirions par notre présence endeuillée et silencieuse dénoncer l'occupation israélienne d'une partie de la Palestine avec un seul slogan, *Halte à l'occupation*. Nous souhaitions dire notre volonté de paix, notre haine de la violence, notre refus de l'engrenage de la haine, notre vœu que deux peuples puissent vivre en paix sur ce petit territoire. Il était impératif pour nous de ne pas prendre position pour l'un des belligérants dans une vision manichéenne de l'Histoire.

Autorisation préfectorale, choix du lieu, texte du tract, mailing aux journalistes, texte des banderoles furent expédiés en quelques heures. Il s'était produit entre nous une sorte de miracle d'harmonie. Tout nous paraissait facile et limpide et si nous nous faisions peu d'illusions sur les résultats de notre action, elle nous permettait toutefois de soulager notre conscience malheureuse de femmes juives et engagées.

Même si nous étions très peu nombreuses –et peut-être aussi pour cela- cette manifestation attira tout de suite la presse notamment féminine. Et pour une raison que j'ignore, c'est vers moi qu'ils vinrent pour des interviews, des reportages ou des articles.

Quand je me demande huit ans plus tard, pourquoi moi ?, je n'ai aucune réponse. Toujours prompte à dénoncer les appropriations des actions des autres par des leaders autoproclamés, je ne me souviens pas avoir proposé à l'un de ces journalistes d'aller voir l'une des autres fondatrices du groupe. Mea culpa !

Mon nom figurait dans Elle, Marie-Claire, le supplément femmes du Journal du dimanche, agrémenté de photos, dont une aux côtés de Leila Shahid, à l'époque représentante de l'Autorité palestinienne en France.

Je me souviens de ces après-midi ensoleillés, de ma *soixantaine souriante,* (terme utilisé par une journaliste) du bonheur que j'avais à être là avec des femmes dont le nombre s'accroissait de semaine en semaine.

Même le 11 Septembre 2001 ne perturba pas notre entente. Nous répondions avec calme aux interpellations haineuses des sionistes les plus excités et des pro-palestiniens les plus en colère.

J'étais dans une sorte de légère ivresse, due à la fois à la relative réussite de notre entreprise mais aussi au petit pouvoir que j'exerçais. Je pouvais le constater à une sorte de déférence dans le regard, aux questions que l'on venait me poser, et à l'importance que les femmes semblaient me donner dans les réunions d'après veille que nous faisions dans un café kabyle proche du forum des halles.

Je me dis maintenant que j'ai dû énerver certaines des co-fondatrices sans en avoir aucune conscience. Quand il m'arrivait d'évoquer ce problème, je me disais avec une certaine autosatisfaction que j'étais la bonne personne au bon endroit.

Ce que je n'avais pas prévu c'est qu'à un certain moment la majorité changerait. Je sentais bien que des tensions montaient. Je voyais des keffiehs apparaître, des banderoles qui s'écartaient visiblement de notre ligne politique. Je continuais néanmoins à agir de la seule manière dont je savais et pouvais le faire, refuser toute organisation, toute exclusion, continuer à faire confiance. Il n'est pas possible de ne pas savoir que des stratégies manipulatrices existent dans tous les groupes militants. Je le savais abstraitement, mais je pensais qu'elles ne pouvaient pas nous atteindre. Il ne me serait jamais venu à l'esprit qu'il fallait verrouiller le groupe et en éloigner toutes celles qui portaient un keffieh !

Le 30 mars 2002, une manifestation hurlante prit possession de notre fontaine pour crier des slogans contre Israël. Ces charmants camarades qui avaient décidé de manifester au dernier moment se servaient de notre autorisation préfectorale pour manifester légalement et les gentils policiers qui assuraient depuis plus de six mois la protection de nos cheveux blancs ne voyaient guère de différence entre les discours des manifestants et le nôtre. Si ces gens avaient pu venir occuper notre territoire sans prévenir une partie d'entre nous, c'est que certaines d'entre nous leur en avaient donné l'idée. Notre projet pacifique prenait l'eau.

Nous tentâmes avec quelques fidèles de rétablir la ligne. Le patron du petit bistrot kabyle se souvient peut-être encore des hurlements et des insultes :

- Sale sioniste qui ne dénoncez pas le génocide à Jenine !

- Antisémites !

Ces charmantes apostrophes marquèrent le début de la fin de cette aventure.

À partir de ce moment là, moi et les quelques dizaines de femmes qui me soutenaient avions perdu clairement le pouvoir. Il y eut encore quelques samedis tendus jusqu'aux larmes. En juin 2002, et après une dizaine de lettres d'insultes à mon égard m'accusant d'avoir voulu prendre le pouvoir, les dix décidèrent de partir.

Je pense que cette douloureuse expérience a sonné le glas de mon militantisme.

En l'occurrence, j'avais été un mauvais chef parce que j'avais refusé de voir que notre choix politique risquait d'être détourné. J'avais refusé de prendre les moyens pour empêcher cette dérive.

Qu'aurais-je pu faire ? En fait, je n'en sais rien. Pour fermer le groupe, il aurait fallu que je sois autre.

Les femmes en noir à keffieh continuent leurs veilles à la Fontaine des Innocents. On les voit parfois dans les grandes manifestations, comme celle de 2009 sur Gaza, hurler des slogans anti-israéliens. Elles nous ont volé notre action.

J'ai cru être un leader. Je n'ai été qu'une marionnette.

Le choix pourrait-il se résumer ainsi : réduire à néant ce qui fait l'originalité d'un groupe par manque de verrouillage ou le miner peu à peu par excès de verrouillage ?

.

17

Une commission sans amendements

J'ai été enfant de chœur et militant socialiste, c'est dire si j'ai entendu des conneries.

Michel Audiard

Dans le train qui l'amenait du sud-ouest de la France vers Paris, Raymonde étudiait les documents du Congrès qu'elle n'avait pas eu le temps de lire avant son départ.

Pour la première fois de sa vie au lieu de lire un quelconque magazine elle lisait, relisait, annotait en marge, soulignait les points importants de documents de congrès et réécrivait en rouge les amendements proposés par sa section qu'elle aurait à proposer en commission.

À force de sérieux et de militantisme et puis aussi parce que ça ne semblait pas passionner ses collègues, elle avait été élue à l'unanimité pour représenter sa section au congrès annuel de leur organisation qui luttait principalement contre le racisme. Il y avait bien eu une opposition plus ou moins claire d'un vieux militant qui avait laissé entendre qu'il vaudrait mieux envoyer quelqu'un de plus expérimenté, mais personne ne l'avait suivi.

Raymonde avait commencé à travailler à l'âge de 16 ans. Elle en avait maintenant 61 et, depuis sa retraite, elle était contente d'avoir cette activité qui l'occupait beaucoup. Elle continuait aussi à militer avec les retraités de son syndicat. Elle avait élevé trois enfants et allait bientôt être grand mère.

    Elle s'était habillée avec recherche, un peu inquiète de l'accueil des gens là-haut à Paris. Elle portait un tailleur bleu marine avec un chemisier rose. Elle avait eu du mal à boucler sa valise. Le congrès durait trois jours et il lui fallait prévoir de se changer pour les diverses distractions proposées. Elle transpirait beaucoup, surtout s'il fallait qu'elle parle en public. Tous ces documents étaient très lourds, et même si le vieux militant lui avait dit que c'était inutile qu'elle se charge avec ces papiers, elle avait trouvé normal de les emmener tous avec elle.

    Un homme d'une quarantaine d'années était assis en face d'elle. Il portait un pantalon beige et une veste verte et manipulait avec dextérité un petit ordinateur portable qui semblait le transporter de joie. Il lui fit penser à son fils aîné et elle le regarda avec un sourire qu'il lui rendit.

    Raymonde pensa à son mari, retraité lui aussi, qui était sans doute en train de tailler ses rosiers. Depuis quarante ans qu'ils vivaient ensemble il avait supporté sans broncher ses multiples réunions syndicales à l'usine et maintenant ses réunions et ses déplacements pour les droits de l'Homme. Il pestait un peu, mais, quand elle s'absentait, elle lui préparait des petits ragoûts qu'il n'avait plus qu'à réchauffer et il était bien obligé de considérer qu'elle était une bonne épouse, qui ne le laissait jamais tomber complètement.

    Ils étaient toujours heureux de se retrouver. Il s'ennuyait bien un peu, surtout quand elle lui racontait ses réunions, assorties de quelques énervements. Pour sa part, il les avait toujours trouvées insipides et avait rapidement abandonné toute velléité de militantisme, déléguant à sa femme le sauvetage d'un monde qu'il avait décidé d'ignorer.

    Ce n'était pas la première fois que Raymonde se rendait à un congrès, mais quand elle était à l'usine, elle était toujours avec d'autres et ce n'était jamais elle qui parlait publiquement. Elle était si contente qu'elle éprouva le besoin de faire partager sa joie au monsieur d'en face. Comme il lui souriait encore, elle lui dit que son fils avait aussi un ordinateur comme le sien, qu'elle ne savait pas s'en servir mais qu'il faudrait peut-être qu'elle s'y mette si elle devenait présidente de sa section.

L'homme lui posa quelques questions sur son organisation, puis il eut l'air de s'ennuyer. Elle lui demanda alors s'il voulait bien lui montrer comment marchait sa petite machine. Il eut l'air ravi, prit place à côté d'elle et fut intarissable pendant un temps qui parut long à Raymonde. Tout en l'écoutant d'une oreille distraite, elle se demandait comment on pouvait être si indifférent au sort des étrangers sur cette planète et si passionné par un petit instrument comme celui-ci.

Paris approchait. Elle reprit son plan qu'elle avait déjà étudié longuement, réétudia l'itinéraire à suivre pour rejoindre le RER. Elle était un peu inquiète et elle se demanda comment elle pourrait changer de chemisier avant de rentrer dans la salle du congrès, car celui-ci était tout mouillé sous les bras et elle ne voulait pas montrer son émotion ou sentir mauvais.

En attendant, elle relut ses notes et pensa aux longues soirées passées avec ses camarades dès qu'ils avaient reçu les papiers de Paris à lire d'abord, puis à discuter sur le rapport moral et la résolution finale, à se disputer, aux difficultés qu'il y avait eu à trouver un accord sur telle ou telle formulation, puis enfin au pot final avant son départ pour le congrès.

Le train arrivait à la gare d'Austerlitz. Le monsieur à la veste verte avait disparu et elle dût descendre seule sa grosse valise. Elle se gourmanda d'avoir cédé à sa passion des vêtements, tant elle eut de mal avec son dos qui la faisait un peu souffrir à l'extirper du porte-bagage.

Elle se retrouva facilement et arriva juste à l'heure dans le grand bâtiment moderne et triste qui devait abriter leurs travaux. Il y avait très peu de monde encore. Ceux qui étaient là couraient dans tous les sens en criant. Tout le monde avait l'air très énervé.

Elle reconnut l'un des vice-présidents qui était venu une fois dans leur petite ville pour parler du problème des immigrés. Cela avait été une soirée mémorable. Il y avait eu au moins cinquante personnes et certains dans le public avaient trouvé que l'orateur faisait bien peu de cas des problèmes d'insécurité qu'ils rencontraient dans leurs cités. Il leur avait répondu qu'ils se laissaient monter la tête par les médias. Raymonde avait été, comme d'habitude d'accord et pas d'accord. Elle avait voulu le dire et bien sûr, comme ça lui arrivait souvent, personne n'avait compris ce qu'elle voulait dire et il y avait eu une sorte de silence gêné après son intervention. À la fin, ils avaient invité l'orateur à dîner chez Raymonde, dont le talent culinaire était proverbial. Tout cela lui avait donné beaucoup de travail et son mari n'avait pas manqué de lui faire remarquer qu'elle se fatiguait trop à son âge. Mais Raymonde était bien organisée et tout avait été préparé rapidement.

Pendant le dîner, le vice-président avait été débonnaire et plaisantin, flirtant vaguement avec sa fille cadette et quand elle avait voulu reprendre la discussion sur les immigrés et les dangers de la démagogie, il l'avait regardé avec un air bizarre, comme pour lui signifier qu'il était inutile qu'elle rivalise avec lui sur ce terrain. Et voila que maintenant cet homme qui s'était assis à sa table, il y a trois mois, était en grande conversation avec un autre vice-président, un vieux monsieur, qu'elle avait déjà vu en photo et qu'il ne la saluait même pas. Raymonde était partagée entre la colère et la timidité. Elle s'approcha quand même d'eux et regarda en souriant l'orateur. Le regard de celui-ci la traversa, vaguement lassé. Le vieux monsieur, par contre, qu'elle n'avait jamais rencontré, lui fit un sourire et lui tendit la main. L'autre lui serra aussi la main, mais prit aussitôt un ton énervé pour rappeler à son interlocuteur l'urgence de la décision à prendre.

Raymonde n'avait pas réussi à savoir de quoi il s'agissait. Elle observa quelques instants ces groupes majoritairement masculins qui semblaient débattre de choses fondamentales. Ils avaient un air harassé, tenaient des liasses de papiers à la main et regardaient toujours par-dessus la tête de Raymonde.

Elle aperçut une table derrière laquelle se tenaient quatre femmes. C'est là que se faisaient l'enregistrement et la distribution des badges. Elle se félicita d'être mandatée et d'avoir une raison d'être là. Sans cela, elle se serait sentie ridicule. Les jeunes femmes étaient charmantes. Elles pointèrent son nom sur une liste, lui donnèrent un badge et un carton qui lui permettrait de voter et lui indiquèrent où elle pouvait déposer sa valise, en attendant de rejoindre son hôtel.

Quand elle revint dans le grand hall elle se sentit mieux. Elle s'était changée et portait maintenant un tee-shirt blanc sous son tailleur. Elle avait fait jurer à sa fille qu'elle ne faisait pas trop jeune avec cet accoutrement.

Elle pénétra dans la grande salle du congrès. Celle-ci s'était peu remplie. Les gens étaient dispersés, affalés sur leur fauteuil. Elle chercha quelqu'un qu'elle connaissait et en désespoir de cause s'assit à côté d'une femme seule qui avait des cheveux blancs comme elle.

Elle s'était levée très tôt ce matin et bercée par le son monocorde de la voix des rapporteurs, Raymonde s'endormit. Elle fut brusquement réveillée par des cris dans la salle. Tout un groupe de jeunes, debout, insultait le vieux monsieur si gentil qui lui avait serré la main tout à l'heure. Sa voisine lui expliqua que cet homme faisait son rapport sur les questions internationales et que ces militants qui venaient de la région parisienne étaient en désaccord avec ses prises de position sur le rôle de l'ONU. Ils criaient : "A bas l'impérialisme américain !" et "A bas l'impérialisme du Bureau !"

Raymonde, honteuse d'avoir dormi, sortit ses papiers bien rangés et regarda si elle était chargée de dire quelque chose sur ce sujet. Elle s'aperçut qu'il y avait un gros trait rouge au feutre à propos de l'ONU, ce qui signifiait qu'elle était chargée d'intervenir. Elle fut prise de panique, se remit à transpirer, demanda à sa voisine si c'était le moment d'intervenir. "Pourquoi pas", lui répondit laconiquement la dame. Elle leva le doigt et agita nerveusement son bras. De loin, elle perçut de curieux mouvements à la tribune. Ils se penchaient les uns vers les autres et quelqu'un la désigna. Voyant un micro dans l'allée, elle s'en approcha et commença à dire en tremblant que sa section l'avait mandatée pour... Un immense personnage se leva à la tribune et éructa :

- Mais enfin, il serait temps que les militants se disciplinent et n'interviennent pas n'importe quand et n'importe comment. Si tu ne le savais pas , dit-il, en parlant dans sa direction, sache que ce que tu as à dire, tu dois en parler à la commission des amendements ce soir dans la salle A, à 21 h !

Penaude, Raymonde alla se rasseoir. Sa voisine avait disparu. Elle se sentit désespérément seule et se mit à haïr cet homme qui avait osé lui parler sur un tel ton, à elle, qui avait des cheveux blancs et avait élevé trois enfants.

Elle fut saisie par une horrible envie de pleurer. Mais elle réussit à se calmer en pensant qu'elle se vengerait à cette fameuse commission des amendements. Tous ses arguments étaient bien préparés et elle les connaissait par cœur. Elle allait leur montrer à ces gens de Paris qu'en province aussi, on a des idées.

Elle s'installa confortablement dans son fauteuil et écouta les autres discours avec attention en prenant des notes.

A 21 heures pile, elle prit place dans la salle A. Elle se mit au premier rang de l'alignement de chaises. Les membres de la commission arrivaient peu à peu et s'installaient autour d'une grande table assez éloignée des militants mandatés. Raymonde fut un peu choquée par cet éloignement, mais il n'y avait personne avec qui partager tous ses agacements depuis ce matin. Elle se sentait de plus en plus mal. Elle avait bien parlé à quelques dames seules comme elles, mais au bout de quelques instants, elles n'avaient plus rien à se dire. On lui avait désigné des gens importants et elle s'était surprise à penser qu'elle aurait pu le deviner rien qu'à voir leur air saturé, pressé et surtout leur connivence. Elle avait même entendu l'un d'eux soupirer :

- Qu'est ce que ça peut être chiant ces congrès, heureusement qu'il n'y en a qu'un par an ! Son compagnon avait souri et ajouté

- Et encore, toi tu ne fais pas partie de la commission des amendements! Ils avaient ri et Raymonde s'était sentie blessée.

Autour de la table, Ils s'embrassaient, se congratulaient regardaient le public des militants avec un air fatigué. Ils avaient décidé que la réunion devait impérativement se terminer à 23 h, si tout le monde voulait être en forme le lendemain. Il y avait eu des grognements parmi les militants autour de Raymonde. Une jeune femme avait dit que c'était impossible de fonctionner démocratiquement dans ces conditions. Il lui avait été répondu vertement que personne ne pouvait leur donner des leçons de démocratie.

Il est maintenant plus de minuit. Raymonde est allongée sur son lit dans la chambre d'hôtel. Elle sent des crampes se préparer dans ses jambes fatiguées. Elle a pris une douche et regarde machinalement un téléfilm à la télévision. Elle a envie de téléphoner à son mari, juste pour entendre une voix amie, mais il est beaucoup trop tard et puis elle se plaint assez toute l'année. Il a droit à un peu de repos.

Elle se met à repenser à ce qui s'est passé pendant cette réunion de la commission des amendements et elle n'arrive pas à y croire. Chaque fois qu'elle levait la main pour proposer un amendement de sa section, l'ensemble des gens assis autour de la grande table se mettait à soupirer, voire à rire. Plus le temps passait, moins elle osait intervenir. Son voisin expliquait à une autre militante que dans ces conditions, il allait sélectionner deux amendements, les plus importants d'après lui. Mais Raymonde était désespérément seule et elle n'avait plus le courage de sélectionner quoi que ce soit. Elle se sentait juste humiliée, stupide, prise en flagrant délit de sérieux.

Pourtant, courageusement elle avait essayé encore une fois de proposer un amendement, qui fut accueilli par des hurlements. On l'accusait, elle, et les camarades de sa section, d'avoir fait exprès de présenter tous ces amendements pour bloquer le fonctionnement normal de la commission. Interloquée, elle décida de se taire. Autour d'elle, les gens étaient plus ou moins énervés. Certains semblaient avoir l'habitude et la plupart disaient qu'ils retiraient leurs propositions.

Vers deux heures du matin, après avoir ressassé tous ses évènements, elle finit par s'endormir.

Le lendemain, la première personne qu'elle rencontra fut le vieux monsieur. Il lui offrit un café, lui demanda de quelle section elle venait et comment elle trouvait le congrès. Elle lui dit qu'elle avait été choquée que l'on n'ait pas accordé plus d'importance à leurs propositions, parce qu'après tout, c'était l'un des rares moments de l'année où ils pouvaient dire leurs désaccords.

Le vieux monsieur l'écoutait. Il semblait ailleurs. Puis il lui dit en la regardant gentiment :

- Chère petite madame, les résolutions de congrès n'ont aucune importance, elles vont aller directement dans les poubelles de l'histoire. Alors, la prochaine fois ne vous fatiguez pas tant !

18

Silences et concessions

> *Tout le malheur du monde vient d'une seule chose qui est de ne pas savoir rester en repos dans une chambre.*
>
> Pascal

La mer est transparente dans la petite crique où Jacques et moi passons de longues heures pour échapper à la chaleur étouffante.

Jacques est l'un des seuls hommes qui acceptent de sortir le soir ou de partir avec moi pour quelques jours. Mes autres amis de sexe masculin ont tous disparu. Enfermés dans un couple ou ne voyant pas l'intérêt d'une relation non sexuelle.

Jacques a organisé ce voyage. Il a trouvé le lieu, réservé les chambres, pris les billets d'avion. Chaque fois que j'émettais l'idée que je pouvais effectuer telle ou telle tâche, il affirmait que ça ne le dérangeait pas.

Depuis que nous goûtons ensemble aux charmes de cette île, je me fais materner. J'ai l'impression de redevenir une petite fille. Il décide de tout, de la plage où nous allons aller à telle heure, des promenades que nous devons faire, des itinéraires à suivre. Notre emploi du temps est réglé à la minute près. Même le temps de la sieste est strictement codifié.

Les premiers jours, cette prise en charge me ravissait. Cet homme, mon aîné de cinq ans, se comportait comme un père.

Jacques est un homme cultivé, brillant, esthète, plutôt sûr de lui. Il sait où il faut aller, ce qu'il faut avoir visité. Avec lui, on ne risque pas de rater l'exposition ou le concert incontournables et l'on peut être certain de briller dans les salons à notre retour à Paris.

Au bout de trois jours de ce régime, je me réveille un matin avec une folle envie de rester dans mon lit, avec mon polar. Jacques frappe à ma porte et me dit que je dois me presser. Nous devons prendre un car dans une demi-heure. Je suis tentée par la révolte. Il fait une chaleur infernale dès que l'on franchit les portes de cet univers climatisé. Nous allons griller sous le soleil et sortir rouge brique et suants du vieil autobus aux sièges en plastique. Ah oui, j'oubliais, Jacques a horreur des taxis. Il est hors de question de goûter au plaisir de se faire conduire dans une voiture fraîche. Il paraît qu'il a failli se faire enlever un jour par un taxi. Tant pis pour moi qui ne me déplace à l'étranger qu'en taxi.

Je lui crie que je suis crevée. J'ajoute un gros mensonge sur un malaise diffus. J'entrouvre ma porte, vêtue d'une chemise de nuit rose presque cinquantenaire, qu'il contemple avec dégoût.

- Je suis désolée. Je ne me sens pas bien. Pourquoi n'irais-tu pas seul ? On n'est pas collés, dis-je en me souvenant avoir beaucoup choqué ma fille de seize ans avec cette formule.

- Enfin, c'est ridicule. Nous avions prévu cette sortie. Tu ne vas pas rater l'exposition de ce sculpteur qui a révolutionné l'art du XXe siècle ! Enlève cette horrible chose rose. Je t'attends en bas.

Je contemple dans le miroir la chose rose en question qui a déteint lors d'un lavage groupé. Je l'ai depuis si longtemps que j'ai fini par avoir une vraie tendresse pour elle. De quel droit ce snobinard se permet-il de juger ma garde-robe !

Une demi-heure plus tard, je suis collée à mon siège dans le car antédiluvien qui doit nous conduire à la fameuse exposition.

Jacques est de bonne humeur. Il me lit un texte bavard sur le sculpteur en question. Je me demande ce qui va arriver à mon corps déjà trempé. Vais-je me dissoudre et disparaître ? Jacques ne transpire pas. Il est vêtu d'un pantalon blanc en lin à peine froissé et d'un tee-shirt rose pâle où n'apparaît pour le moment aucune auréole sous les bras. Je me sens laide, poisseuse. Je rêve à ma climatisation, à ma chemise de nuit, au héros de mon polar que j'ai laissé dans une situation difficile et au plaisir que j'aurai dans quelques heures, une fois le devoir accompli, à les retrouver.

La climatisation du musée m'a rendu ma joie de vivre. Les sculptures sont magnifiques. J'ai bien fait de me forcer.

Jacques toujours aussi impeccable m'entraîne vers la droite. Je suis saisie d'une irrésistible envie d'aller vers la gauche. Jacques paraît surpris l'espace d'une seconde, puis il saisit mon bras et nous nous dirigeons vers...la droite.

J'ai déjà expérimenté la chose plusieurs fois avec lui. Il a invariablement gagné. Je me souviens d'un temps où j'avais rebroussé chemin à Mycènes parce que mon jeune mari marchait trop vite et ne se souciait pas de moi. Peut-être est-on moins humble quand on se sent aimé ?

- Si on rentrait, j'ai tellement envie de rester deux heures dans l'eau après ce bain de chaleur.

- Pas tout de suite, je vais te montrer un adorable café où je suis allé, il y a dix ans avec un ami. Tu ne seras pas déçue.

C'est la deuxième fois aujourd'hui que j'ai envie de lui dire que son autorité commence à m'insupporter. Et il reste encore quatre jours. Mieux vaut faire profil bas.

Le café est un café normal. Jacques a l'air nostalgique. Nous le sommes tous à un moment de notre vie. J'ai encore de la tendresse pour lui. Je suis un peu lasse de ses histoires d'amour, mais je m'entends prononcer la phrase fatale :

- Raconte-moi, tu en meurs d'envie .

Une heure plus tard, le récit se termine mal comme il se doit. Je me demande quand j'ai osé lui imposer l'une de mes histoires. Si je commence, il regarde ailleurs, l'œil vague et décide brusquement qu'une tâche fondamentale nous attend.

Nous voilà dans notre crique. Nous en avons fait le dernier salon où l'on cause. Je lui raconte mes mésaventures à l'Ile d'Oléron, les paquets d'algues, les méduses.

- Tu te souviens de la scène dans Les Bronzés, où Michel Blanc sort de la mer avec un paquet d'algues pour cacher son zizi ?

Jacques me regarde avec consternation.

- Ce genre de films ne fait pas partie de mon répertoire dit-il en partant vers le large.

Je nage à l'Indienne vers la plage en me demandant si je vais encore tenir trois jours avec ce péteux.

J'ai tenu. Je n'ai rien dit et Jacques pense que nous sommes toujours amis. Quant à moi, je ne sais pas trop. Est-ce vraiment nécessaire d'en décider ?

19

Voyages, voyages

Elle nous avait prévenues :

- Avec Josiane, nous sommes deux autoritaires. Il n'y en a pas une pour commander l'autre.

Prune avait dit ça avec son petit sourire malicieux. Haute comme trois pommes, elle était compacte, toute en muscles. Avec un visage coloré, sans rides, les cheveux bien blancs et courts. Elle avait l'oeil vif, bleu, qui virait au noir quand on la contrariait. Une sorte de bon petit diable.

- C'est elle qui dit ça avait commenté Josiane, sceptique. Un peu plus grande, plus sèche que sa compagne, elle avait un visage sillonné par des rides profondes, qui la faisaient paraître plus âgée qu'elle ne l'était. Ses yeux tombants lui donnaient un air de chien battu. Autant Prune avait un air avenant, autant Josiane, au premier abord, rebutait par cette apparence un brin revêche.

Quand elles avaient annoncé dans la conversation que la mère de Prune ne partait plus avec elles à la Martinique, j'avais eu spontanément l'idée de prendre sa place. Nous occuperions la chambre de la mère dans la maison qu'elles avaient louée là-bas, pour deux semaines. Moindres frais pour elles, occasion de retourner aux îles pour nous. La chose fut décidée et conclue en un temps record. Moi, si prudente d'ordinaire, je n'avais pas réfléchi aux éventuels aléas de cette cohabitation. Josiane et Prune nous avaient si bien reçues, elles étaient si amicales, qu'aucun avertissement n'avait freiné mon élan.

Nous étions donc confiantes. Le premier choc fut la découverte de l'appartement loué. Nous avions vu des photos sur Internet et elles avaient instillé un doute dans mon esprit, quant au confort de la demeure. En fait, d'emblée, je me suis crue dans un de ces meublés années 50/60. Au rez-de-chaussée, une cuisine salle à manger, qui donnait sur une terrasse, avec vue étriquée sur un bananier et le gazon qui allait avec, encombré de cageots à bière. Pour fermer cette ouverture, une sorte de porte qu'on repliait et dépliait, en ferraillant avec la serrure, dans un fracas assourdissant. Donnant sur la cuisine, séparée par une vitre, ce qui faisait office de chambre. En fait, un réduit sombre, sans fenêtre. Dans un éclair de panique, je me dis :

- Quinze jours là-dedans, je ne tiendrai jamais ! Je ne me suis pas tapée dix heures d'avion pour atterrir là.

Il y avait un étage que nous avons emprunté, guidées par notre hôtesse. Là haut, une autre chambre, plus digne de ce nom, avec une vraie fenêtre et un balcon. Mais un ameublement réduit au minimum. Je repris espoir. Surtout quand Prune et Josiane, d'un commun accord, dirent :

- Ce sera votre chambre. Vous serez mieux là.

Très hypocritement, nous avons protesté. Mais non, comment donc...Pas question de discuter, elles se moquaient du confort, elles n'allaient pas rester beaucoup dedans. Nous allions le vérifier.

Chaque matin, en effet, sous la direction de Prune qui étudiait la veille la carte et décidait de l'excursion, elles sont parties, sac à dos et l'air martial. Tout au moins Prune. Car Josiane, visiblement, traînait parfois la patte. Elle suivait, l'air harassé. Quand nous lui faisions remarquer qu'elle pouvait aussi ne rien faire et se reposer, elle protestait :

- Mais ça me fait du bien ! Si elle ne m'entraînait pas je serais capable de rester à la plage, sans rien faire ! Ah ! l'horreur !

N'empêche, deux fois ou trois, quand elle avait proposé de ne pas aller là où l'entraînait sa chère compagne, celle-ci avait piqué une vive colère, vite réprimée. Une seule fois, Josiane a opposé un niet franc. Et sinon, elle émergeait péniblement de leur antre, réveillée précocement par le bruit de la porte-fenêtre que dépliait pourtant précautionneusement Camille. Pour faire le café, il fallait bien y voir. Sur le visage chiffonné de Josiane, se trahissait la fatigue de ces excursions quotidiennes, où elles randonnaient ferme sous le soleil tropical, et par tous les chemins. Quand elles rentraient de ces découvertes, Prune illico allait plonger dans la mer, et Josiane lui emboîtait le pas. Pas question de fléchir et de ne pas profiter de tout ce qui s'offrait. Pourtant Prune détestait le tourisme, tel qu'elle se le représentait. Cette critique s'exerçait surtout sur certains lieux fréquentés par les touristes, les hôtels et autres locations confortables, qu'elle qualifiait de luxe. Certes, tout le contraire de notre meublé. Ceci étant, dans sa boulimie de choses à faire, elle se comportait exactement comme le touriste type. Qui s'échine à ne rien laisser perdre de ce qu'il y a à voir et faire.

Dame ! ce n'était pas notre cas. Nous étions la parfaite antiphrase du bon touriste. Rarement en forme, préférant nous reposer dans le lit ou sur la plage, plutôt que de sillonner les parages, réfractaires à explorer la mangrove, ou les joies du kayak sur rivière déchaînée, boudant délibérément les frissons d'une balade en mer sur un horsbord frénétique, rechignant même à aller au village à pied, nous n'allions pas tarder à mériter la désapprobation de Prune. Nous avions certes deux circonstances atténuantes, nous avions déjà fait un voyage en Martinique et j'étais restée les trois premiers jours du séjour au lit, avec un rhume caractérisé dû à la climatisation de l'avion. Par contre, nous perdions des points pour notre coupable attirance pour des hôtels confortables. Nous avions beau faire, nous ne pouvions dissimuler notre difficulté à nous adapter au meublé, à l'absence de rangement, à la terrasse qui donnait sur le bananier et les cageots de bière, et à l'inflation de moustiques que ce lieu humide suscitait. La nuit, nous ne pouvions mettre la climatisation, toujours au top de sa forme, pour cause de déréglement. Nous avions le choix entre geler, ou suer, fenêtre fermée, ou se gratter, fenêtre ouverte. Nous avons essayé les diverses formules. Camille à la fin des quinze jours présentait des cloques géantes et frôlait la crise de nerfs.

Prune elle-même, devant notre désarroi, avait exploré sur le guide, les différents hôtels et locations alternatifs. Mais nous étions en haute saison, il y avait peu de logements disponibles. C'est elle qui a trouvé l'hôtel où nous devions plus tard déménager, quand une chambre se libérerait. L'établissement, coquet et propre, se trouvait en hauteur et dominait une magnifique baie, avec le rocher du Diamant en fond. Ah ! la vue ! Grand écran. Le contraste avec notre meublé engoncé dans son pré étriqué, était cruel. En bas de l'hôtel, une plage paradisiaque sur crique de rêve. Je me sentais enfin en Martinique. Pendant que nous nous entendions avec la réceptionniste sur les dates possibles, Prune explorait discrètement un des studios accessibles pour cause de ménage. Et elle revint dubitative. - Pas terrible, commenta -t -elle. Mais si vous vous y sentez bien... De toute façon, ça vous correspond mieux... l'air de dire, avec vos goûts de luxe... Ni le prix des chambres ni le haut de gamme de cet hôtel ne justifiaient un tel label.

L'objectivité n'a généralement rien à voir avec les comportements humains. Prune ne disposait pas de beaucoup d'argent, c'est Josiane qui l'entretenait en partie, elle devait en souffrir. Sa parade consistait sans doute à mépriser ce qu'elle ne pouvait avoir par ses propres moyens. Et ce mépris rejaillissait sur celles, nous en l'occurrence, qui ne boudions pas notre goût, sinon du luxe, du moins du confort. Car il y avait de la réprobation tacite dans ce mot de luxe. Quand une fois, Camille a regretté que sur le transat, égaré devant notre terrasse, il n'y eût pas de matelas, elle a eu droit à cette apostrophe :

- Dis donc, tu as des goûts de luxe !

Ce qu'elle ne disait pas, c'est qu'elles habitaient en France une belle maison, vaste et confortable, avec étage, plusieurs chambres, un grand jardin et des dépendances.

Quoi qu'il en soit, ces apparentes différences, de goût, pour ou contre le « luxe », pour ou contre l'exploration systématique des lieux, ont fini par plomber l'ambiance. Une réflexion de Prune a résumé le problème :

- Il faut partir avec des gens avec qui on est sur la même longueur d'onde.

Sans doute. Est-on obligé de tout partager, sous prétexte qu'on part ensemble ? Ne faut-il pas se contenter de coïncider sur un certain nombre de choses seulement ? Il est apparu que l'intolérance venait surtout de Prune. Elle supportait mal que tout le monde ne fasse pas la même chose, que nous ne souscrivions pas comme Josiane, à ses propositions. Elle avait l'habitude de commander son monde. Désarçonnée devant nos manifestations d'indépendance, elle trouva une parade.

Elle nous « donna » deux jours. Oui, deux jours où elle nous laisserait décider de tout. Un beau matin, elle annonça au petit-déjeuner :

- Aujourd'hui, c'est vous qui décidez. Vous avez votre journée.

- Notre journée, ? » m'enquis-je, incrédule. Il ne me manquait plus que le tablier.

- Oui, c'est vous qui faites le programme. On peut par exemple, aller au nord de l'île.

Nous avons accepté de bon cœur, un peu culpabilisées de ne pas partager tout avec elles, sauf les repas, la plage et les discussions, et désireuses de revoir le nord de l'île. La journée fut réussie. Prune arriva à rester assise au restaurant une heure et demie. Moment privilégié, qui ne fut pas le seul, dans cette cohabitation de quinze jours.

La deuxième fois où Prune nous « donna » une autre journée, l'atmosphère s'était tendue. Elle commença par décider du but de l'excursion : la presqu'île de la Caravelle. Elle voulait aller en visiter le phare.

- Si ça ne vous plait pas, vous le dites, ajouta t elle, dans un élan magnanime. Pourquoi ça nous aurait déplu ?

Nous filâmes, sans nous arrêter jusqu'à ladite presqu'île. Au passage, Camille et moi, entrevîmes une magnifique plage de sable blond, au bord de laquelle nous aurions aimé faire halte, à Tartane. Ce serait pour le retour, car Prune talonnait pour arriver au phare. Des phares, il y en a partout au bord de la mer... Le soleil était à son apogée. On ne pouvait atteindre le phare en voiture. Il fallait faire à pied quelques km, par un chemin cailouteux et montant. Mais des traînées de touristes, suants, le jalonnaient. Pleine de bonne volonté, j'attaquais la côte. Au bout de dix minutes, essoufflée et surtout consciente de la vanité de cette randonnée – je m'en foutais du phare – je rebroussais chemin. Nous avons convenu de nous retrouver au bas de la côte, là où se garaient les voitures.

Nous avons donc pris la voiture et décidé d'aller nous baigner, la seule chose raisonnable à cette heure. Nous avons trouvé non loin une belle plage au bord de l'océan. Ah ! la fraîcheur délicieuse de l'eau ! L'évocation de nos deux marcheuses sous le cagnard renforçait notre plaisir à nous prélasser dans l'eau et à rester allongées sous l'ombre des gommiers. Nous nous sommes un peu attardées. Nous avions dépassé l'heure des retrouvailles. Elles nous avaient cherché et avaient descendu la côte à notre rencontre. Elles avaient écourté leur balade pour être à l'heure. Non sans une pointe de sadisme, devant leur mine suante et rouge, j'ai vanté les délices d'un bain rafraîchissant par une telle température.

Au fil de cette deuxième excursion commune, l'atmosphère s'est tendue. J'ai failli, au cours du déjeuner, proposer de discuter du malaise. Mais une intuition m'a retenue. Je sentais bien que ces filles-là ne parlaient pas. Le mépris sans concession de Prune pour la psy. en était une signe, parmi d'autres. Chez ces gens-là, on fonctionne, Madame, on ne coupe pas les cheveux en quatre. Bon pour des intellos comme nous… Une des raisons qui expliquait peut être le raidissement de Prune était sans doute un clivage de « classe » — celles qui aiment le luxe et celles qui ont des goûts simples. Il y avait une autre différence qu'elle devait mal vivre, difficile à nommer. La différence de bagage intellectuel et de références culturelles, de celles qu'on acquiert dans les « études » ? Elle n'en avait pas fait de longues et faisait souvent état de ses lectures, avec une ostentation qu'ont souvent les autodidactes.

Tout cela était de l'ordre du non-dit, du supposé. La seule parade que l'homme a trouvée contre l'incommunicabilité et le malentendu, c'est encore la parole. Faute de pouvoir y recourir, les relations se dessèchent, telles des plantes mal irriguées. Prune devait éprouver du désarroi devant nous pour ces différentes raisons, nous échappions à ses schémas bien carrés. Ce qu'elle ne pouvait maîtriser la dérangeait.

La fin du séjour confirma le malaise. Nous avons déménagé dans le joli hôtel quatorze jours après être arrivées. Nous avions décidé de prolonger d'une semaine notre séjour. Les questions matérielles n'ont posé aucun problème pendant cette coexistence : partage des frais, de la voiture, des tâches. Quand nous sommes revenues de l'hôtel, après y avoir apporté nos affaires, Prune et Josiane étaient très froides. Le gâteau que nous leur avions apporté fut dédaigné. Il est vrai qu'en arrivant, j'ai dit quelque chose comme : - Je revis ! Dans la voiture, alors qu'elles nous

ramenaient à l'hôtel, j'ai essayé de briser la glace, style :
- Nous étions contentes d'avoir fait ce voyage, il ne faut pas croire, bien sûr, le logement n'était pas idéal, mais... Prune a bredouillé d'une voix dramatique qu'à cause d'elles, nous avions eu le séjour gâché. Elle était tellement troublée qu'elle en a oublié de desserrer le frein à main. Et quand nous sommes arrivées devant l'hôtel, une forte odeur de brûlé se dégageait de la voiture. Les adieux furent très distants.

Saurons nous jamais ce qui s'est passé ? De notre côté, il est vrai que nous avons mal supporté l'autorité de Prune, qui avait visiblement l'habitude de régenter son monde.

Le voyage est une des plus périlleuses expériences de vie commune, beaucoup de relations s'y fracassent. Est-ce à cause du dépaysement, qui désoriente et rend plus fragile ? Les références communes sont alors des repères qui rassurent. Nous avions beau en avoir, elles n'ont pas suffi, dans ce cadre étranger, à nous rapprocher. Au fond, nous ne nous connaissions pas assez pour tenter cette expérience risquée du voyage.

20

Se tenir par la main

Ne vous fiez pas aux couples qui se tiennent par la main. S'ils ne se lâchent pas, c'est parce qu'ils ont peur de s'entretuer.

Groucho Marx

L'homme est écroulé sur un petit tabouret. Ses cheveux blancs encadrent un visage à peine ridé mais fatigué. Il s'ennuie. Même les jolies filles qui virevoltent autour des portants reclus de fringues ne l'excitent plus.

Sa femme, les cheveux teints en roux, le visage un peu bouffi, le corps gonflé regarde d'un air compétent un pantalon noir taille basse manifestement trop petit pour elle. Elle hésite puis lance à son mari :

- Qu'est-ce que tu en penses ? Bouges-toi un peu. Ma parole, tu as l'air d'avoir cent ans. Je crois que je vais l'essayer.

- D'accord dit-il. Je t'attends ici, prends ton temps ma chérie.

Il se demande pourquoi il l'appelle « Ma chérie », une habitude bientôt cinquantenaire qui ne mange pas de pain. Il la suit depuis deux heures dans cet immense magasin où la plupart des femmes ont quarante ans de moins qu'elle. C'est déprimant. Mais quand on devient vieux, il y a tant de choses déprimantes.

- Viens voir, hurle-t-elle, allez remue un peu, bientôt, tu ne pourras plus marcher !

Elle se contorsionne pour regarder ses fesses serrées dans cette chose noire qui ne masque rien de ses bourrelets.

- J'ai encore grossi, dit-elle, guettant une négation dans l'œil de son mari qui ne réagit pas.

Il voudrait dire que ce pantalon n'est pas fait pour ce corps de vieille dame, qu'il respecte tel qu'il est, mais il n'ose pas. Elle va probablement rétorquer que s'il acceptait de faire des randonnées avec elle, au lieu de se vautrer devant la télévision, elle prendrait moins de poids.

Il a peu à peu pris l'habitude de ses remarques méchantes destinées à lui faire sentir à quel point il a vieilli. Il a pris une autre habitude, celle du silence, un silence profond dans lequel il s'enfouit et tente de s'enfuir de ce petit enfer conjugal.

Elle est près de lui et le regarde de haut avec un air vaguement apitoyé.

- Tu as l'air tellement enthousiaste que je préfère ne pas le prendre, persifle-t-elle.

Il devrait sans doute la rassurer, mais il s'enferme dans son silence.

- Et si on allait déjeuner dans le restaurant du sixième étage, je suis venue avec Françoise l'autre jour. On a une vue magnifique.

Il évoque ce face à face silencieux ou trop bavard qui l'attend et cherche désespérément une raison de refuser. Le désert de son agenda lui revient en mémoire.

- D'accord, c'est une bonne idée répond-il dans un soupir.

Elle se précipite vers l'escalator. Il peine à la suivre et est traversé par une sorte de haine. De quel droit lui impose-t-elle son rythme, ses diktats, ses humeurs. L'espace d'un instant, il pense rebrousser chemin, la semer et cette idée lui fait venir un sourire. Il l'aperçoit en haut de l'escalator. Elle scrute la foule avec un air furieux qui la fait ressembler à une gorgone. Elle est plus forte que lui. Il lui fait un signe.

- Fais un effort pour marcher plus vite mon chéri. Le docteur te l'a dit. Tu dois faire fonctionner tes muscles, puisque tu refuses de faire du sport.

Ils arrivent au restaurant rempli de femmes qui bavardent et s'esclaffent. Il repère un autre homme, silencieux près de sa femme, fatigué aussi. Elle prend un air vaguement snob pour demander deux places près des fenêtres au jeune homme précieux dont le regard la traverse sans la voir.

Ils sont assis côte à côte. Devant eux, il y a Paris, sous un ciel gris et rose. Comment se fait-il que le vieil amoureux de Paris qu'il se targue d'être n'éprouve aucun plaisir devant ce magnifique paysage urbain ? Il regarde autour de lui et se demande s'il serait plus heureux aux côtés de l'une de ces jeunes femmes. Une sorte d'ennui profond l'enveloppe. Il est trop vieux pour tout cela. Il voudrait être chez lui tranquille, s'occuper des fleurs sur son balcon, regarder ses feuilletons. Il voudrait que sa femme le lâche, l'oublie.

Il déteste ce pouvoir qu'elle a pris sur lui depuis qu'il a décidé d'abandonner la lutte. Elle statue sur l'emploi du temps, les invitations à dîner le plus souvent ennuyeuses à mourir, les vacances, les repas, la décoration. Il a réussi à conserver les fleurs de son balcon.

Elle commande pour lui. Du thé alors qu'il voudrait une bière pour tenir le coup.

- Est-ce que je la hais ? se demande-t-il. Il ne sait plus. Il a juste envie de silence.

Elle l'entretient de divers sujets, la cherté de la vie depuis l'euro, la difficulté de s'habiller quand on vieillit, l'impolitesse des vendeuses.

Que s'est-il passé depuis qu'ils ont pris leur retraite ? Pourquoi l'homme jeune, séduisant, actif, curieux qu'il était s'est-il laissé peu à peu piéger par elle, la jeune femme timide et complexée ? Il ne se souvient plus. Tout s'est passé si vite. Il a perdu ses amis, ses repères. Son seul repère, c'est sans doute elle. Elle le sait. Après des années d'obéissance, elle prend sa revanche sans méchanceté, sans doute inconsciente de son nouveau pouvoir.

21

Les tribulations d'une retraitée

Le capitalisme c'est l'exploitation de l'homme par l'homme, le syndicalisme, c'est le contraire.

Coluche

Plus je me rapprochais de l'âge fatidique de la retraite, plus je rencontrais de vieux amis qui claironnaient avec fierté qu'ils n'avaient jamais été aussi occupés que depuis leur retraite. Il fallait prendre rendez-vous avec eux des semaines à l'avance. Ils exhibaient leur agenda surbooké, cherchant désespérément un créneau, avec un air à la fois déconfit et satisfait.

Je ne me faisais pas trop de souci. J'avais tort.

La retraite finit par arriver. Plus de colloques, plus de voyages, de moins en moins d'articles à rendre. Je pris mon temps. J'allais au cinéma l'après midi et dans les expositions où je rencontrais mes coreligionnaires, pour la plupart de sexe féminin.

Après quelques mois de ce régime culturel, je décidais de me trouver une activité. J'avais pratiqué et enseigné le droit du travail pendant 40 ans. Le syndicat réformiste dont je me sentais le plus proche allait probablement accepter de m'engager comme bénévole, pour défendre les salariés aux Prud'hommes.

Certes, je n'avais jamais été une militante très active dans ce syndicat. Je me souvenais de l'ennui profond qui m'envahissait lors des réunions syndicales à l'Université. Elles se tenaient dans un préfabriqué lugubre planqué à l'arrière des lieux d'enseignement. Je me rassurais en me disant que cette fois-ci, Il ne s'agirait plus de réunions fastidieuses mais d'une aide concrète aux salariés.

J'exposais à la standardiste du syndicat, ma démarche. Elle ne me laissa pas terminer, glapit : « Veuillez adresser votre CV au Service des ressources humaines. » Et elle raccrocha.

J'écrivis un mail le jour même.

Je ne reçus aucune réponse.

Vexée mais tenace et surtout persuadée que ce silence ne pouvait être dû qu'à une erreur de transmission, je pris ma plume et écrivit une lettre circonstanciée au secrétaire général du syndicat, avec copie au fameux Service des ressources humaines.

Je n'eus jamais de réponse.

Qu'ils aillent se faire voir ailleurs ces abrutis de bureaucrates ! J'avais pourtant vanté les mérites des syndicats à des étudiants sceptiques et peu enclins à s'encarter. J'avais même eu quelques prises de bec avec certains d'entre eux qui affirmaient du fond de l'amphi que les syndicats ne défendaient pas les plus démunis des salariés et étaient d'infâmes repaires d'apparatchiks uniquement préoccupés de leur petit pouvoir. Non encartée moi-même je commençais à me dire qu'en reniant mes positions anarchisantes, j'avais peut-être commis une erreur manifeste d'appréciation.

Qu'à cela ne tienne, j'écrivis un mail à l'Union départementale de Paris et je contactais par précaution les restos du cœur.

Nous étions nombreux à la réunion des bénévoles des Restos où je fus conviée peu de temps après. On me proposa de distribuer des repas le soir en hiver dans des points clés de la capitale. On nous informa qu'il fallait parfois être ferme avec des SDF un peu saouls et l'animateur nous fit comprendre qu'il valait mieux être jeune et en bonne santé pour cette activité. J'inscrivis quand même mon nom sur la liste, terrorisée à l'idée que certains de ces SDF allaient peut-être vomir devant moi. On a beau être prêt à tout pour s'occuper et se rendre utile, chacun a ses limites.

Quelques jours plus tard, je rencontrais dans un colloque une copine avocate, qui appartenait à un clan branché de juristes travaillistes. Je savais qu'elle conseillait ce syndicat et écrivait des articles pour eux. Je lui racontais mon parcours du combattant. Bien que pressée, elle eut le temps de me glisser, avec une légère condescendance, le nom d'un jeune avocat qui affirma-t-elle me répondrait sûrement si je lui écrivais de sa part.

Le jeune avocat me convoqua quelques jours plus tard. Je mis mon tailleur pantalon de femme active. L'endroit était glacial et sinistre. Les militants ont rarement droit à des lieux accueillants. Peut-être, faut-il leur rappeler, qu'ils luttent aux côtés des prolétaires. Je me présentais au bureau ovale situé au milieu de l'immense hall gris, que quelques affiches défraîchies d'anciennes luttes du syndicat ne réussissaient pas à égayer. Je me préparais à dire que j'avais rendez-vous avec Maître X mais la préposée ne me laissa pas finir et en me regardant d'un air méfiant me demanda à quel syndicat j'appartenais. Je bafouillais que j'étais retraitée. Elle répondit sans un sourire : « Premier étage gauche, porte 122 ». Le couloir était désespérément vide. Je frappais à la porte 122 décidée à accomplir mon devoir d'adhésion. Il n'y avait personne.

Je montais voir le jeune avocat. Son minuscule bureau croulait sous les dossiers des affaires en instance. Il fit venir deux permanents visiblement fatigués à qui il me présenta comme la personne compétente qui allait les aider à écluser les demandes des justiciables. Les deux gaillards me jetèrent un regard méfiant et se turent pendant toute la réunion.

Je sortis rassérénée de l'édifice syndical. L'avocat devait partir pour le Sud et l'UD, m'avait-il dit, avait un besoin urgent de bénévoles. J'étais convoquée la semaine suivante à un repas convivial avec les autres bénévoles à leur cantine située en face de l'Union départementale.

J'aurais dû me méfier et m'habiller de grisaille lustrée. Je n'allais quand même pas leur faire cette injure. J'arrivais donc vêtue normalement d'un manteau Max Mara, acheté dans un dépôt vente, mais qui fit forte impression. Je le vis immédiatement dans le regard de mes « camarades », qui me reluquèrent de haut en bas avec une sorte de mépris. Il y avait là trois personnes dont une femme apparemment très malade. On était en plein hiver, mais le restaurant n'était pas chauffé. Le jeune avocat me présenta aux copains et prétexta une affaire urgente à régler pour échapper à la congélation et au menu.

J'avais décidé, quoi qu'il arrive, de rester d'humeur joyeuse et militante. Au bout d'une heure, personne ne m'avait adressé la parole. Ils évoquèrent des affaires en cours, ne me posèrent aucune question. Je tentais de les mettre à l'aise en leur disant que j'aurais besoin de leur aide au début, ce qui était vrai. Rien ne semblait pouvoir me rendre sympathique à leurs yeux !

Emmitouflée dans mon beau manteau, les pieds gelés, je me souvins de ce passage de « Drôle de jeu » de Roger Vailland, ou Marat, le héros, à la fois résistant et libertin, est accusé de jouer par certains de ses camarades et de ne pas prendre au sérieux le combat résistant de son groupe. On le regarde avec méfiance. Il n'est pas comme les autres, entièrement dévoué à la cause. Etait-ce l'impression que je leur donnais ? Pourquoi est-il si difficile de poser ce genre de question ?

Le repas se termina. Je demandais à la femme frêle ce que je devais faire. Elle me répondit que l'on m'enverrait des dossiers quand on aurait besoin de moi. Elle ajouta qu'il était impératif que je m'inscrive au syndicat des retraités. Je tentais de la faire sourire en lui racontant mes tentatives infructueuses. Elle me considéra avec agacement et quitta le restaurant.

Je ne reçus jamais de dossier ni de nouvelles.

Je ne suis pas naturellement portée au contentement de moi-même et la comparaison avec Marat me parut sur le moment excessive. Je ne suis ni très chic, ni libertine (en apparence).

J'ai d'abord pensé qu'ils ne me trouvaient pas assez formée pour ce travail. Quelle naïveté !

Ils devaient avoir tout simplement peur que je leur fasse de l'ombre et ils se demandaient pourquoi un professeur d'Université voulait faire ce travail ingrat. Ils se méfiaient peut-être d'une personne non-inscrite au syndicat, susceptible d'espionner leurs activités ? Comment leur expliquer que je préférais aider concrètement des salariés plutôt que de rabacher chaque année à des étudiants plus ou moins indifférents, les mêmes cours. Même si je l'avais fait, ils ne m'auraient pas cru, tant ils semblaient englués dans leurs préjugés.

Si dans ce cas-là, l'arrogance, l'abus de pouvoir et surtout le gâchis sont d'abord venus de la Direction du syndicat, ils ont aussi été le fait de militants de base, aussi étrange que cela puisse paraître.

Cette histoire est emblématique des jeux de pouvoir dans certaines organisations. Certaines personnes et pas forcément les plus puissantes sont prêtes à toutes les lâchetés pour défendre leur minuscule pré carré.

22

Survivre à ses vieux parents

*La vieillesse est si longue qu'il ne faut pas
la commencer trop tôt.*

Benoîte Groult

Ma mère a 98 ans.

- Oh, comme c'est merveilleux ! s'exclament invariablement vos interlocuteurs en ajoutant gênés... Et elle est en forme ?

Vous arborez un sourire grimaçant et vous dites : "Oui, elle est en forme, comme on peut l'être à cet âge."

Vous pensez que c'est peut-être merveilleux pour les enfants (en l'occurrence plus que sexagénaires) qui ont remisé leurs parents dans une maison de retraite bien sous tous rapports, ou ont choisi de vivre à 10.000 kms et laissé à autre membre de la famille ou à une esclave rémunérée ou masochiste, le soin de s'en occuper quotidiennement.

Pour les autres, dont vous faites partie, qui ont voulu éviter à leurs parents la coexistence avec d'autres vieillards plus ou moins sympathiques, et décidé de laisser leur ancêtre bientôt centenaire chez lui, le mot *merveilleux* n'est pas celui que vous auriez spontanément pensé à utiliser. Vous évoquez la possibilité statistique lue dans la presse, que votre parent dépasse carrément les cent ans, et vous cachez soigneusement cette "magnifique nouvelle" dans un coin de votre mémoire.

Il y a sans doute des vieillards fascinants, originaux, cultivés (dans n'importe quel sens du terme) qui apportent à leurs proches toute la richesse de leur longue expérience de la vie, ou encore des personnes âgées qui ne supportent pas l'idée de dépendre de qui que ce soit, et choisissent d'aller dans une maison de retraite ou plus radicalement de disparaître - comme Mireille Jospin - quand ils sentent approcher cette échéance.

Mais le plus répandu, ce sont des vieillards ordinaires, un peu mesquins, un peu obsessionnels, un peu méchants, un peu gentils pour qui vous ressentez un mélange de tendresse, de compassion et de solide haine.

Leur très grand âge vous confronte à votre vieillissement, à votre propre naufrage, et cela pose sur les quelques années qui vous restent peut-être à vivre, une chape de tristesse teintée d'une vague dépression. Les grands vieillards sont rarement dans la transcendance. Ils parlent pendant des heures de leur santé, notent leur tension sur des papiers conservés précieusement pour la visite du médecin, qui est bien gentil, fait de beaux discours mais n'en veut qu'à leur argent et ne sait pas ce qu'ils ont ! Ils ne sont pas encore gâteux, ils savent bien, eux "que c'est leur pied qui leur fait mal et que cela n'a rien à voir avec le fonctionnement du coeur !"

Parfois ils vous entraînent dans des expéditions intrépides dans le Paris du vélib et des rollers, consulter un phlébologue reconnu qui habite toujours dans une rue où il est impossible de stationner, derrière un porche très lourd, suivi en général de petites marches bien cachées qui pimentent encore la promenade. Le phlébologue connu prend des airs de circonstance - en oubliant systématiquement de vous aider à faire monter le parent en question sur la table d'examen - et conclut que : "Étant donné l'âge de la patiente, cher confrère, son état est parfaitement normal."

Certains vieillards geignent continuellement, disent qu'ils voudraient tant mourir parce qu'ils sentent bien qu'ils vous gâchent la vie... et vous demandent de bien noter la date de leur prochaine visite chez le dentiste (dont le cabinet se situe bien sûr le long d'une voie d'autobus).

Quelques-uns se bourrent de médicaments divers pour "y aller" (dixit Feydeau), ce qui donne lieu quelques jours plus tard et le plus souvent la nuit, à une sorte de Niagara nauséabond qui vous amènera si vous êtes bien élevé, à passer les nuits suivantes auprès d'eux au cas où ils tomberaient en rejoignant les toilettes. Si le surlendemain de cette folle nuit, vous émettez l'idée que peut-être il serait raisonnable de freiner sur le pruneau d'Agen, ils vous apostrophent vertement sur le mode : "*Je ne vais quand même pas rester comme çà!*", ce qui implicitement veut dire : "*Tu veux ma mort!*"

Quand, au bout de quelques années difficiles, vous avez réussi à leur faire accepter une aide à domicile, aux frais de l'État, ils soupirent que : "C'est tellement pénible de supporter des étrangers chez soi" et entreprennent méthodiquement de démolir la jeune femme, en général maghrébine ou africaine, qui moyennant le SMIC à temps partiel vient plusieurs fois par jour prendre soin d'eux, et vous laissent ainsi le loisir de vivre un peu plus tranquillement. Elle est, d'après eux, menteuse, voleuse, paresseuse, stupide, ne sait pas lire, croit en Dieu, fait le Ramadan, ose partir en vacances, et se permet de temps en temps de réclamer quelques sous en plus pour un jour férié travaillé, ce qui est quand même un comble. Chaque semaine, les notes de Monoprix ou du marchand de légumes vous attendent sur le bureau, et vous êtes plus ou moins poliment invité à les vérifier, au son du geignement habituel ponctué de : "Ce n'est pas possible que le merlan ait augmenté comme ça!"

Votre investissement forcé auprès de votre parent a des

conséquences sur votre humeur, et les rapports familiaux en souffrent nécessairement. Qui peut-on engueuler quand on rentre le soir après une journée harassante, sinon son conjoint, qui n'y est pour rien et en prend quelque ombrage. Laissons ici de côté les rapports entre frères et sœurs que l'on peut aisément imaginer tour à tour las, revendicatifs, exaspérés et forcément comptables.

Si vous avez la chance que vos parents aient un peu de "bien", des pensées politiquement incorrectes hantent vos nuits. Vous calculez, recalculez que même s'il vit encore cinq ans, il pourrait quand même faire une petite donation à ses petits-enfants, qui vous permettrait d'être moins angoissé sur leur avenir de pigistes locataires. La culpabilité vous envahit bien à tort puisque le vieillard, sous différents prétextes, qui vont de l'arrivée de l'Euro à une construction idéologique complexe selon laquelle il faut en avoir bavé soi-même pour mériter son argent, refuse avec véhémence de donner quoi que ce soit de son vivant à ses petits-enfants, qui n'ont qu'à travailler ou se trouver un (e) ami (e) riche. Ils ajoutent que d'ailleurs cet argent n'existe que dans votre imagination.

Alors me direz-vous cher lecteur : « Pourquoi accepter de se laisser traiter ainsi ? ». S'occuper des anciens est certes un devoir, mais on n'est pas obligé de se laisser sadiser par eux. Facile à dire, impossible à faire. Imaginez une très vieille dame, courbée en deux par l'ostéoporose, maigre, presque aveugle, et geignant continuellement. Elle est plus forte que vous, qui avez été élevé par elle. Vous n'avez jamais pensé à cet avenir-là. Vous, si attachée à votre liberté, qui avez quitté votre famille à dix neuf ans, pour la vivre pleinement, vous vous retrouvez cinquante ans plus tard pieds et poings liés. Vos jours, vos semaines, vos années, se vivent en fonction des besoins et des demandes de votre ancêtre qui réussit à vous terroriser, plus que quand vous étiez enfants. La révolte était possible à vingt ans, elle ne l'est plus à soixante-dix ans.

23

Renoncer ?

Nous sommes montées au premier étage du Flore. Le rendez-vous était fixé à 16 heures. Nous l'avions très facilement obtenu. En nous installant, nous l'avons aperçu à l'autre bout du café, en conversation avec un journaliste connu. Pourvu qu'il ne l'accapare pas trop…

Nous étions arrivées en avance, histoire de prendre son temps. Le cadre et l'atmosphère de ce premier étage du célèbre café étaient douillets. On s'y sentait bien. Tout en conversant, nous jetions des regards dans sa direction, guettant le moment où il se lèverait. A 16h10, nous avons décidé de lui laisser encore 10 minutes, avant de nous manifester. Mais il nous avait repérées, dès notre arrivée. Bientôt le journaliste se leva, il le raccompagna et s'inclina devant notre table.

- Mesdames, c'est bien avec vous que j'ai rendez-vous, n'est-ce pas ? Veuillez vraiment m'excuser pour ce retard.

Il avait une voix douce et une manière courtoise de s'exprimer.

Il s'assit en face. Nous l'avions reconnu sans hésitation. Ses cheveux avaient blanchi. Il avait le même visage aimable que sur les photos ou à la télé. Une bonne tête. On a beau être détachée, la rencontre avec une personne célèbre excite la curiosité. François Léotard, car c'était lui, ne l'était plus vraiment. Nous avions souhaité le rencontrer parce que justement il était l'un des rares hommes politiques en vue à avoir « abandonné » la politique. Nous avions eu beau chercher, nous n'avions trouvé que lui. Il correspondait à notre « créneau » : comment en vient-on, après avoir choisi de si hautes fonctions, à y renoncer ? Ce n'était pas l'homme politique qui nous intéressait, mais pourquoi il avait choisi de ne plus l'être.

.- Toute conscience poursuit la mort de l'autre.

Léotard en vint très vite à citer cette phrase de Hegel. Elle s'appliquait parfaitement au milieu politique, mais pas seulement, ai-je pensé, en percevant l'angoisse de Régine, qui observait du coin de l'œil son petit magnétophone numérique dernier cri dont elle n'avait toujours pas bien compris le fonctionnement. Il avait été inventé par des consciences qui elles aussi généraient le désarroi, sinon la mort des autres, en leur offrant les merveilles de leur invention, sans toujours leur en permettre l'accès.

Léotard répondait à nos questions sans hésitation. Les paroles s'enchaînaient dans un déroulé lisse. Au-delà des propos attendus nous étions à l'affût du mot ou de la phrase authentique. Nous nous efforcions de les susciter avec nos questions, nous traquions la parole juste, le ton sincère. Mais visiblement, notre homme s'était coulé dans la posture classique de l'interviewé face à deux journalistes. Il ne nous avait pas demandé qui nous étions, ne nous avait posé aucune question sur notre livre. Certes Régine lui avait envoyé quelques informations. Peu importait apparemment à qui il avait affaire. J'avais l'habitude d'être à sa place, celle de l'interrogée et j'avais l'attitude inverse : chaque interview était différente, tout comme la personne qui la menait. Cela se terminait le plus souvent par une conversation hors enregistrement où c'était moi qui posais les questions.

Cependant il y eut quelques échappées à cet échange classique. Le choix de la politique ? Choix peut être et hasard aussi. Il avait suivi les traces du père. Il nous cita un livre que lui a consacré une de ses sœurs psy. Elle faisait le lien entre son parti d'appartenance, le PR, et le père. Avec un sourire, il souligna la pertinence de cette association, mais n'alla pas plus loin. Il s'interrogera à plusieurs reprises sur les manques qui sont à la source de cette recherche de reconnaissance, de ce besoin d'être admiré. Qu'est ce qui fait qu'on recherche cette approbation au prix de tant de souffrances ? Ce sont ses propres mots. Il se contenta d'évoquer la souffrance du corps, le triple pontage, dû au stress permanent. Mais, il ne précisa pas si c'était là la cause de son « abandon ». Il n'était pas dupe des compromissions auxquelles conduit inévitablement la fonction. Il s'excusa de citer une phrase de l'un de ses livres :

- Certains hommes politiques camouflent leur instructive lâcheté, leur désir immodéré de plaire, derrière une culture de l'approbation, véritable perversion de la vie publique, lorsqu'elle devient une pratique nationale. Leur boussole est déréglée par les sondages...Cela donne à peu près ceci :Je ne dis pas ce que je dois, c'est-à-dire ce que mon mandat m'obligerait à dire, mais ce qu'ils attendent que je dise, ce qui permet de faire l'économie d'une tâche éminemment incertaine par les temps d'aujourd'hui : gouverner.

Nous en sommes venues à notre principale interrogation : le retrait de la politique. Celui-ci fut progressif. Il commença par parler à Chirac de son envie d'arrêter. Abandonner la politique ! Pour Chirac, c'était inconcevable. Pour le calmer, il le nomma ambassadeur en Macédoine, puis inspecteur général des finances. A force de questions sur les racines profondes de cet abandon, il lâcha :

- J'avais besoin de transgresser le convenable.

Ce convenable où il avait toujours baigné. Milieu bourgeois, carrière, conventions. Conventions particulièrement étouffantes du milieu politique où il faut savoir rester dans son camp. On lui avait reproché de tenir meeting avec Bérégovoy, de rencontrer Mitterrand, ces hommes de l'autre bord. Il se permettait de douter, oui de douter de ses certitudes. Un homme politique ne doit pas douter. Il sait.

Inconvenant en effet. Son cœur l'avait averti, il était au bord de l'asphyxie. Et voilà comment, il avait choisi. La retraite, le silence, ce silence qu'il aimait tant, absent du bruit et de la fureur politiques.

- Je voulais être gardien de phare. Pendant un an, j'ai été moine chez les bénédictins avec une règle stricte de silence. Pour moi, c'était des contraintes très légères. J'adore écouter les oiseaux. L'une des souffrances de la vie publique, c'est le bruit permanent, le bruit que font les gens pour vivre. Quand je suis sorti de chez les bénédictins, j'ai trouvé des gens qui avaient tout et qui étaient tristes. Moi, je n'avais pas grand-chose et j'étais heureux. Il y a un bonheur dans le dépouillement.

Il ne reniait rien de ses engagements. Il évoqua plusieurs fois ses contradictions. Je tentais une explication. N'était-ce pas son sentiment tragique de l'existence, qui, in fine, l'avait poussé à ce retrait ? C'est lui-même qui avait parlé de ce sentiment tragique de l'existence. On retrouvait là le choix de l'ancien séminariste. Les exemples ne manquent pas dans l'histoire et la littérature de ces épris d'absolu qui passent d'un extrême à l'autre. Don Juan par exemple, le vrai, qui après avoir collectionné frénétiquement les femmes, s'est enfermé dans un monastère et s'est adonné à la piété la plus stricte.

Pour Léotard la décision d'abandonner la politique ne fut pas facile. Il lui fallut des mois pour s'y faire. On ne renonce pas ainsi à tous les avantages, ne fut ce que matériels, argent, voiture, prise en charge de la fonction. Il trouvait légitime que la République offre ces facilités à ceux qui la servent. Maintenant, il lui faut comme tout le monde conduire sa voiture, faire ses courses, régler ses factures. Il ne le regrette pas. Et puis, il est réconforté par la réaction des gens qui approuvent son « abandon », qui l'en estiment davantage.

Désormais il se consacre à l'écriture qui est devenue sa passion. Il a un prochain livre en chantier.

Nous sommes bientôt arrivées au bout de nos questions. Nous ne voulions pas abuser de son temps. Nous lui avons remis, avant qu'il ne se lève, quatre extraits de notre livre. Pour qu'il sache à qui il avait à faire. Il ne savait pas grand-chose de nous n'est-ce pas ? Le mot féministe a été prononcé. Il a enchaîné tout de suite par cette remarque :

- Plus féministe que moi, c'est difficile !

Tout de suite la parade habituelle, comme si nous doutions qu'il le fut.

Comme c'est si souvent le cas dans les conversations et les échanges courants, il s'est saisi de notre réflexion pour rebondir sur lui. Pas sur nous. Aucune curiosité pour savoir qui nous étions.

Nous nous sommes ainsi séparés, courtoisement. Lui sans rien savoir de nous, nous avec le regret attendu de ne pas en savoir beaucoup plus.

24

Un bon chef

Gouverne le mieux qui gouverne le moins.

Lao-Tseu

Le dernier arrivé est Milos, le plus jeune de l'équipe de rédaction. Nous voilà au complet : neuf présents en comptant « le chef » : Paul. Les autres rédacteurs, qui habitent la province, n'ont pas fait le déplacement. Paul a proposé cette réunion in vivo, pour débattre de deux sujets graves : l'avenir de notre revue et la sortie de notre livre collectif.

Un chef bien soft, Paul. Il a créé la revue, il y a un an et demi. Il la coordonne et se paye ses huit /dix heures de travail journalier, avec l'assistance de Mustapha et d'Elodie. Paul est un jeune retraité, la cinquantaine, ancien typographe, engagé politiquement à gauche depuis sa jeunesse. Depuis quelques années, il se consacre à défendre la laïcité. Et ce thème controversé l'a amené à ne plus camper aussi sûrement sur des positions labellisées à gauche. C'est le cas des autres rédacteurs, d'origine diverse, mais animés par la même exaspération face aux atermoiements de tout un secteur de la gauche face à la montée des communautarismes. Ceci au nom du sacro-saint relativisme culturel. Le relativisme culturel ? Sorte de resucée d'un christianisme mal liquidé qui prône le respect aveugle de l'autre et de ses coutumes, fussent-elles barbares, l'excision, les mariages forcés, la lapidation…pour ne citer que celles-là.

Alors au fil du temps, tout comme Paul, les différents rédacteurs de la revue ont évolué. Une appartenance politique de base les liait en théorie: ils et elles venaient de gauche. Mais de sérieuses lézardes commencèrent à effriter leur mur mitoyen. D'aucuns se révélèrent avoir appartenu à la droite – horreur !- et d'autres se découvrirent, emportés par le libre cours de leur pensée, des coïncidences avec des positions classées à droite. Dans ce pays, quand on ne coïncide pas avec tous les préceptes d'une orientation politique, on est automatiquement classé dans la bande adverse. Gauche ou droite, sans nuances. Or le dénominateur commun à l'équipe de la revue était en effet le souci de rester des esprits libres, c'est-à-dire de passer au crible d'une critique acérée toute opinion, surtout convenue. Voilà comment ils et elles se sont retrouvés en total désaccord avec les positions officielles de la gauche, surtout extrême, sur ces problèmes « de respect de l'autre ». Pas question de ne pas toucher à mon pote, sous prétexte qu'il était mon pote. Le refus du voile à l'école fut le ciment fédérateur de l'équipe. C'est contre la prolifération dans l'espace public de ce fichu symbolique d'apartheid des femmes, qu'ils se mobilisèrent. Et contre toutes les tentatives communautaristes pour saper les principes de la République.

Les rédacteurs écrivent comme bon leur semble. Aucune censure venue d'en haut, simplement des conseils bienveillants. Par contre, ça chahute ferme entre eux. Ils s'empoignent régulièrement, sur la liste de rédaction. Tout se passe aujourd'hui par écran interposé. On ne se réunit plus guère, on transite par Internet. Incontestablement, l'écran, s'il n'adoucit pas les mœurs, économise la chaleur souvent incandescente des contacts in vivo. Mais, par mails interposés, on peut se faire mal. Et Paul de jouer les pompiers de service. Il est doué pour la conciliation. Il y a eu ainsi d'interminables échanges écrits entre l'un et l'autre, plutôt entre les éléments masculins de l'équipe, il faut bien le constater. La longue habitude apprise qu'ont les femmes de négocier ou d'optempérer, rendaient moins impitoyables leurs disputes. Mais entre hommes, les fleurets des mails se croisaient, et ça castagnait dur. Avec menaces de démission et passages à l'acte. On a perdu au passage deux ou trois éléments de qualité.

Le motif du litige est toujours le même : on n'est pas d'accord, mais pas du tout, avec ce qu'écrit l'autre. On avait supporté jusqu'alors, la différence de provenance et d'opinion, mais là, ça dépasse les bornes. Au nom de l'honneur des idées qu'on professe (et de l'importance forcément exagérée qu'on se donne, c'est moi qui commente) on est au regret de devoir partir. Il y a généralement plusieurs menaces de sortie. Paul joue alors les Salomon de service. D'où une recrudescence de mails qui rend l'accès aux messageries encore plus difficile. Il déploie des miracles de diplomatie et de compréhension, pour calmer le jeu. Ça marche un temps. Les belligérants acceptent pour cette fois de rentrer leur indignation.

Le cortex l'emportait provisoirement sur le reptilien. Mais celui-ci avait le dernier mot. La querelle resurgissait à une autre occasion. Arrivait le moment où Paul ne pouvait plus rien. Le divorce se consommait entre nous (la revue), et l'indigné/e. Dans ces conditions, il partait. Paul avait beau agiter les grands mots, pluralité, respect des opinions différentes, tolérance…rien n'y faisait plus. Les belles idées ne résistent pas à la certitude d'avoir raison. Et on a le plus souvent raison contre l'autre.

Ah ! les ravages de l'amour-propre y compris et surtout chez ceux qui stigmatisent l'intolérance. Et ne voient pas la poutre de leur intolérance propre. Les rédacteurs étaient pourtant de ceux-là, spécialisé/es dans l'interpellation des intolérances, principalement religieuses.

Ce jour-là, l'équipe doit passer un long moment ensemble. Il faut amortir la rencontre, d'autant qu'elle est rare. Tous les six mois. Avant d'aborder les deux questions qui la réunit, il y a le tour de table obligé. La diversité de l'équipe saute alors aux yeux.

Paul se gardant de limiter le temps de parole, il y a donc les habituels décalages entre les prises de parole. Dans le peloton de tête les logorrhéiques : Roger et Martin. Roger est venu spécialement de son midi pour la réunion. Roger est un vigoureux retraité de l'Education nationale et ex-élu du PC. Il concocte d'excellents et nombreux articles, principalement organisés autour d'une critique de l'immigration. Il a une voix de stentor, dont la tonitruance est encore magnifiée par l'accent. Un accent gouleyant, relevé, plein de senteurs et d'épices. Transfuge du PC donc, il garde une dent solide contre son ex-appartenance, comme tant d'autres déçus de ce parti. Déception à la mesure de leurs espoirs et de leur sentiment d'avoir été bernés.

Martin, ce jour-là, est modeste. On l'a connu plus disert. Visiblement, il se gendarme et veille à ne pas trop déborder son temps de parole. Lui aussi, transfuge, mais de l'extrême gauche. Il emploie ce langage caractéristique des tribuns de son ex-mouvance, très théorique, abstrait, truffé de formules convenues. Il lui faut dix phrases pour énoncer ce qui peut l'être en une seule. En avant la rhétorique ! Et surtout il a une incapacité native à écouter les autres et à rebondir sur leur propos. Quand il est sur son rail, rien ne l'en distrait.

Entre deux développements de nos deux pléthoriques du discours, s'intercalent les interventions des autres, les concis, ceux qui ne prennent la parole que pour dire ce qu'ils ont à dire. Il y a Mustapha, le pourfendeur d'un des monothéismes incriminés, dont l'assistance technique est précieuse ; Milos, le plus jeune, venu de l'Est et très remonté contre le communisme, au point de se présenter carrément comme « de droite ». Et Paul, le chef. Paul a fait une courte introduction, au début de la réunion. Il écoute plutôt qu'il ne parle. Qualité indispensable à un « chef », mais peu courante.

Puis, parmi les concis, il y a les filles, moins une. La moins une c'est Christelle, une femme mûre, bien en chair, péremptoire. On a pu se rendre déjà compte par mails interposés, qu'elle ne transige pas, que peu lui importent les remarques émises par les autres rédacteurs sur sa prose, le plus souvent sans concession. Elle a déclaré qu'elle les lirait, mais n'en tiendrait pas compte. Ce, au mépris d'un principe de la rédaction qui était de prendre en considération l'avis des autres. Difficile de faire respecter une loi dans un environnement de bénévoles. Le/la bénévole, comme tout un chacun, se paye, non pas en espèces, mais dans la monnaie de son choix. Paul avait bien essayé de rappeler à Christelle, avec sa courtoisie habituelle, la règle de prise en compte des remarques des collègues, mais la dame était intraitable. Cela avait valu un de ces échanges de mails, évoqué plus haut, où à l'indignation de l'une, celle qui avait émis les remarques, répondait l'intransigeance peu aimable de l'autre.

Parmi les autres filles, il y a Elodie, la seconde de Paul. Une vraie perle. Fournissant à chaque numéro un article, s'occupant de la manutention de la revue, assurant l'intérim en l'absence de Paul. Elle avait dû essuyer l'accusation gravissime dans ce milieu, d'être de droite. Au prétexte qu'au détour d'une phrase, elle avait affirmé qu'elle pouvait voter à droite, dans certaines circonstances. Damned ! Moment où avaient fusé les menaces de démission de deux autres rédactrices. Il y eut du sang et des larmes virtuelles. Paul déploya des trésors de diplomatie pour tenter d'aplanir le litige. Contrairement à la coutume, il ne divisait pas pour régner, car son propos n'était pas de régner. Il arbitrait le conflit. Au terme de dizaines de mails, une solution fut trouvée : retirer la phrase litigieuse. Et Paul souffla. Cette fois-ci au moins, il gardait ses troupes au complet.

Terminons ce tour de table par les deux vétéranes de l'équipe. Deux féministes classées « historiques », avec l'âge qui va avec. Pour autant pas trop dogmatiques, ni crispées sur les certitudes attribuées couramment aux féministes. Mais fermes sur une certaine déontologie. Elles rappelaient régulièrement à l'ordre tel membre de l'équipe sur ses dérapages sexistes, lequel tombait des nues, tant le sexisme fait partie de notre tissu mental. Dans l'équipe régnait le consensus convenu sur l'égalité homme/femme, le minimum vital du féminisme. Mais il ne fallait pas trop creuser. Les sujets sensibles étaient dans le désordre Ségolène Royal, honnie de l'équipe, la pornographie, par contre bien vue, l'euthanasie, qui déchaîna des passions fauves. Vous me direz quel rapport entre euthanasie et féminisme ? Je vous répondrai, l'essentiel, car il s'agit de défendre sa liberté de choix, comme pour l'avortement.

Et justement, une algarade éclate ce jour-là entre une des vétéranes, Gabrielle, et le jeune Serbe. On en est au tour de table. Mustapha déplore qu'on ne parle pas assez de féminisme. Les regards se tournent alors vers les deux préposées à la question. Gabrielle rebondit. Pour abonder dans le sens de Mustapha, mais aussi pour rappeler que le féminisme ne saurait se limiter à cette « égalité des sexes », où on prétend désormais l'enfermer. Elle évoque la dimension ambitieuse de ce courant de pensée. Elle parle d'agent de civilisation. Oui, le féminisme est l'acolyte indispensable de la démocratie et contribue à civiliser les moeurs et les esprits. Ne fut-ce qu'en revendiquant le minimum de l'égalité. Sans doute est elle elliptique, par souci de ne pas accaparer la parole.

Quoiqu'il en soit, son intervention déclenche l'ire de Milos. Il adopte d'emblée un ton persifleur. Oui, bien sûr, il n'y avait pas eu de civilisation avant le féminisme, ces dames avaient apporté le salut aux mâles arriérés…Et de partir dans un délire qui n'avait pas grand-chose à voir avec les paroles prononcées par Gabrielle, mais qui en prenaient prétexte pour régler des comptes avec les féministes et sans doute les femmes. S'ensuit un échange plus que vif, où à défaut d'autres arguments, le jeune homme, s'étonne que, malgré son âge, Gabrielle ne soit pas plus « sage ». Laquelle se saisit de ce coup bas, pour lui prédire qu'il ne l'atteindrait pas, cet âge, vu sa « connerie ». Ce que voulait dire Gabrielle à travers cette formule lapidaire, c'est que Milos, réagissait en chien de Pavlov, aboyant mécaniquement à l'énoncé de certains termes, au lieu de chercher à comprendre ce qu'elle avait voulu dire. Mais Gabrielle s'avançait peut-être trop : il n'est pas prouvé que la connerie favorise une mort précoce, au contraire elle serait plutôt un gage de longue vie, dans la mesure où elle substitue le risque de la pensée, au confort du cliché.

Bref, le ton monte. Au conflit de génération s'ajoute celui de sexe, voire même de culture. Élodie s'interpose et explique le fond de la pensée de Gabrielle, qui n'était pas ce que croyait Milos. Martin lui-même intervient. Apparemment, il va dans le même sens qu'Elodie. Mais difficile de décrypter un langage qui, à force de se perdre dans des circonvolutions, en devient obscur. En fait, Martin règle un compte avec Milos. Ils s'étaient opposés farouchement, il y a peu. Il y avait eu passes d'armes, malentendus, longs développements de part et d'autre. Milos avait touché un point sensible chez Martin et celui-ci s'était déclaré blessé au plus profond. Comme souvent, la querelle ne relevait pas d'appréciations objectives.

Paul, avait alors tout fait pour calmer le jeu. Comme il le fit ce jour-là. Il essaye de limiter l'échange entre Gabrielle et Milos, les deux belligérants, qui ne tiennent plus aucun compte du temps de parole et se lancent des amabilités par-dessus la tête des autres. Il réussit à les ramener au silence. Mais l'air vibre de leurs colères contenues.

Et le reste de la réunion se déroule sans incident, sous le regard attentif de Paul.

Celui-ci montre une fois de plus qu'il est un bon chef. Oui, il y a de bons chefs. Première évidence, niée par les plus anarchistes d'entre nous : il faut bien un chef, c'est-à-dire quelqu'un qui prend des initiatives, coordonne, décide, tranche à l'occasion. Peu importe que ce besoin d'être pris en charge, soit le produit de nos structures mentales aliénées. C'est un fait. Alors autant s'arranger pour que ce soit avec le moins de dégâts possibles. Un bon chef est quelqu'un qui fait oublier qu'il en est un, qui ne profite pas de la situation, tout en assurant son rôle de coordonnateur et de référence. Quelqu'un qui prend plaisir à faire ce qu'il fait sans trop d'arrière-pensées, qui aime bien être avec les autres et non exercer un ascendant sur eux, qui est prêt à recevoir les critiques sans en faire une jaunisse, et qui le jour venu, est capable de céder sa place, sans grincements de dents. Au fond, un bon chef c'est une personne qui ne cherche pas trop de compensation trouble dans son rôle et qui, s'il en a la tentation, tente d'y échapper. Il préfère l'harmonie à la zizanie. Tout le contraire du Chef tel qu'il se pratique et qui règle je ne sais quelles frustrations dans le pouvoir qu'il exerce. Toute la différence entre la responsabilité et le pouvoir.

En somme un bon chef c'est l'image de la bonne mère.

.

25

Nous et le pouvoir

1. Se dessaisir

> *Il m'est odieux de suivre autant que de guider.*
>
> Nietzsche

On ne s'intéresse pas impunément à un sujet. C'est qu'on a à voir avec. Quelle relation personnelle ai-je donc avec le pouvoir ? En quoi me concerne-t-il au point que depuis des années, je m'interroge dessus ? Se prendre comme objet d'étude est une des façons d'apporter des éléments de réponse à une question, avec toutes les précautions d'usage.

Premier constat : je me suis arrangée pour être du côté où est le pouvoir, quelle que soit sa forme, autorité, domination, maîtrise, séduction, ascendant.

Dans mon métier : enseignante. A une époque où son autorité était incontestée. J'étais la maîtresse dans ma classe.

Dans mes amours. En « choisissant » des personnes, hommes et femmes, au même profil. Doux, peu réalisés socialement, apparemment peu dominateurs, dépendants de moi. Je pouvais exercer sur eux un ascendant.

Dans ma psychanalyse, je me demande si je ne me suis pas arrangée pour contrôler les choses, en exerçant sur mon analyste une certaine séduction. Je m'étais à l'évidence attirée sa compassion et sa sympathie. J'ai eu le plus grand mal à opérer le fameux transfert, tant je l'avais inconsciemment renvoyée au rôle de bonne figure maternelle.

Dans mon engagement militant : le féminisme. Tout naturellement, je me suis rapidement trouvée en première ligne, et considérée comme un « chef ». Et pourtant dieu sait ce qu'il m'en coûtait de prendre au début la parole. Je suis par nature timide. La force de ma conviction balayait toutes mes peurs et réticences et m'a poussée en avant. Il n'y avait pas de calcul dans mes ambitions et ma stratégie était dictée par mon souci de faire bouger la réalité. Là est sans doute la différence entre la recherche de pouvoir pour le pouvoir et la poursuite d'un but dicté par ce qu'il faut bien appeler un idéal. Il y a toujours un moment où s'opère un glissement, où l'ambition personnelle prend le pas sur la conviction. L'ambitieux n'est pas forcément dépourvu de conviction, mais celle ici s'efface devant les impératifs de l'ascension personnelle.

Le souci de faire émerger les idées féministes a primé pour moi sur la poursuite d'une quelconque carrière. Il y a eu par chance, coïncidence entre cet objectif collectif et ma propre libération, et non divorce. J'ai été frappée de constater, quand j'ai été amenée à fréquenter les sphères du pouvoir politique, à quel point, l'intérêt personnel faisait passer au second plan, l'intérêt général. J'ai été moi-même traversée par le doute, il faut le reconnaître, je me suis demandé, par exemple, s'il ne me fallait pas aller plus loin, me « placer », comme on dit, dans un cabinet ministériel ou briguer quelque sinécure. Et puis, pour diverses raisons dont une santé fragile, le peu de goût pour les honneurs et autres hochets du pouvoir, le sentiment de la vanité de l'exercice, je suis restée à ma place, celle de militante reconnue.

La force de ma conviction servait notre Mouvement en même temps qu'elle me déliait les ailes. Quand l'étoile du

Mouvement a pâli, je n'ai pas abandonné. Je n'ai pas cherché à me caser dans les institutions en charge de la question des femmes. Je me suis efforcée, bon an mal an, de poursuivre mon action sur cette lancée indépendante.

Deuxième constat : parallèlement à cette tendance naturelle à me placer du côté du pouvoir, une évidence s'impose : je n'ai jamais été à l'aise dans cette position. Un pied dedans, instinctivement, un autre dehors, raisonnablement. Autrement dit, je ne recherchais pas consciemment le pouvoir, je le prenais. Mais je le fuyais en même temps et faisais en sorte de m'en dessaisir. Double mouvement qui m'a causé bien du trouble. Et qui, au fil du temps, s'est stabilisé. Le pouvoir ne m'intéresse plus vraiment que pour l'analyser. J'ai compris qu'il ne faisait pas partie du sens de ma vie.

Alors pourquoi cette ambiguïté ? Dans les histoires de pouvoir, se jouent l'enfance, le sexe, la révolte, mais pas seulement.

L'enfance. Je suis fille unique, facteur peut-être prédisposant. Je n'ai pas eu à partager l'affection et l'attention. J'en étais le seul objet. Petite fille bien aimée de sa mère, j'avais avec le père une relation ambivalente. Je me suis identifiée à lui, « choisissant » inconsciemment sa place, que j'avais perçue comme nettement orientée au soleil. En même temps, je me suis très tôt opposée à lui. La seule à oser braver son autorité et ses mauvais procédés. Nous avons eu dès l'origine, un rapport fait de jeu, d'érotisme, d'admiration, d'affrontement. Un rapport où j'ai peut-être pris le goût de cette passion que j'ai pour l'égalité et la justice. Passion toute théorique que je n'ai pas toujours réussi à faire entrer dans ma pratique.

Le sexe. Petite fille, j'étais par nature, petit garçon par choix, j'ai toujours navigué entre les deux, ou plutôt ce qu'on en a fait. Jouant sur les deux tableaux. Usant de la séduction au féminin, tout en recourant à la rudesse prêtée aux mâles.

Au milieu de ce gué artificiel qui délimite les zones du féminin et du masculin. Sorte d'être du troisième type, j'adoptais une position en surplomb favorable au recul et à la critique. Si j'avais été un garçon, sans doute aurais -je été moins partagée par rapport au pouvoir. Être garçon, implique, qu'on en use ou pas, une reconnaissance de principe. On a sa place au monde, on en est le sujet de référence. Être une fille oriente un destin. Même unique, même choyée, on est marquée par le sceau de seconde. Beaucoup de femmes font l'impasse sur cette évidence, par aveuglement ou volonté d'aller de l'avant.

Les féministes, tout en reconnaissant ce statut inférorisé, se révoltent contre. Nous sommes à la fois solidaires de la condition féminine et en rupture avec. Position inconfortable, où il faut en même temps accepter et contester. Elle explique mes ambiguïtés par rapport au pouvoir. Mon éducation de fille ne m'avait pas préparée à être du côté du pouvoir, mon tempérament et mon histoire personnelle m'y prédisposaient.

J'en viens maintenant à un des ressorts probablement le plus actif dans ce qui motive la recherche du pouvoir. La peur. Cette peur prend de multiples visages. Manque de confiance en soi, peur du rejet, de l'abandon, peur de déplaire. Les châteaux forts étaient bâtis en hauteur, pour voir venir l'ennemi et s'en protéger. Dominer la situation, prendre de la hauteur, voir venir...ces expressions et tant d'autres impliquent en aval la méfiance. Avec un égal, on est de plain-pied, parce qu'on ne le craint pas. Dès qu'intervient le décalage spatial, il y a de la peur par-dessous. L'autre est potentiellement un danger, il met en cause ma toute puissance, il m'oppose son existence, sa différence. Cela vient de loin, des origines. Le vivant est une menace pour le vivant, c'est une loi de cette planète. Dans le règne animal, elle est prise en compte par des codes immuables. Dans le règne humain, elle est détournée, contournée. Mais l'évidence demeure : il y a les forts et les faibles. En apparence.

Le fort ou dominant, l'est peut être parce qu'il a plus peur de sa peur que le faible, et qu'il s'arrange pour mieux la camoufler et la gérer. Il se donne les moyens, avec la force du désespoir, d'encadrer sa peur, de la neutraliser. Le faible est plus démuni, pas plus apeuré. Il a souvent en lui des ressources inexploitées qui se révéleront lorsqu'il se révolte. Alors la roue tourne et la faiblesse du fort explose. Ma familiarité, personnelle et militante avec la violence conjugale, m'a permis de mieux sonder ce qui se passe entre le fort présumé, l'homme qui bat, et la faible supposée, la femme battue. Quand celle-ci quitte son homme, il recourt souvent au suicide. L'homme violent, sorte d'allégorie caricaturale de la virilité, a un moi très fragile. Il crève de peur, la peur de l'abandon. Quand on est sûr de sa force, on n'a pas besoin de la prouver. Recourir aux coups et autres violences est le symptôme de cette fragilité profonde. Le couple violent offre en miroir grossissant ce qui s'est passé et se passe entre l'homme et la femme. Le sexe fort a probablement pris le pouvoir sur le sexe faible, parce qu'il se sentait faible et avait peur de la force potentielle de l'autre.

A ce moment, on touche à une des clés qui ouvre sur les secrets de la domination. Il y a mainmise sur l'autre, par peur des dangers qu'il représente, le pire étant celui de l'abandon. À partir du moment où il y a relation, cette peur intervient. Contrairement aux apparences, elle semble plus agissante chez celui qui domine.

Au fil du temps, j'ai fait une démarche qui m'a conduit à prendre de plus en plus de distance avec le pouvoir. Mon exemple, même s'il n'est pas exemplaire, peut offrir des pistes de réflexion. J'ai pris nettement ces distances pour des raisons théoriques – prise de conscience de la vanité de son exercice. Mais surtout parce que dans mon itinéraire, j'en suis venue à me réconcilier avec l'idée d'aimer. Ce n'est pas un hasard si j'ai pris du champ par rapport au militantisme, quand j'ai connu Manu et que nous avons commencé notre histoire. J'avais passé presque une vie à refuser de m'engager dans une relation amoureuse, pour ne pas être « séduite et abandonnée » et reconduire le destin de tant de mes soeurs. Je devais faire la preuve que je pouvais mener une vie « libre », en dehors des scénarios obligés mariage-enfants, et faire quelque chose de ma vie. J'y suis en partie parvenue. Mais au prix d'une certaine frustration affective. Il y a toujours des liens rentre la recherche du pouvoir et les déficits d'amour, ce n'est pas qu'un cliché.

Il ne s'agit évidemment pas de choisir entre l'amour et la réalisation de soi. Mais de ne pas être dupe de la compensation à des manques originels que procure la reconnaissance. C'est là qu'on bute sur le mot, pouvoir, qui peut mener à abus, qui renvoie à de l'excès, à de la revanche. Tout le contraire de ce qui est la recherche légitime d'une reconnaissance où on n'écrase pas l'autre, d'une réalisation de soi qui ne se fait pas aux dépens de l'autre, d'une affirmation de ses potentialités qui laisse de l'espace à autrui. Le problème est bien là : occuper sa part de l'espace, ne pas l'envahir, et refuser de jouer le jeu qui y conduit.

Anne Zelensky

2. Je n'aime pas le pouvoir et c'est réciproque

Ah ! les hommes ! les hommes.
Je finirai par ne plus aimer que moi.

Labiche

Longtemps j'ai tenté de faire partie de groupes, que ce soit les bandes de jeunes sur les plages des vacances familiales, que ce soit plus tard et jusqu'à récemment des groupes militants.

Quand je réussissais à y rentrer, j'y éprouvais un malaise persistant et je finissais invariablement par en partir le plus souvent discrètement, d'autres fois en envoyant des lettres de démission où je dénonçais la non écoute, l'absence de partage des tâches, l'inexistence d'un débat démocratique et l'esprit de soumission.

Ce systématisme dans mes démissions successives suscitait chez mes proches une vague moquerie. Depuis, j'ai tenté de comprendre les raisons qui me rendent insupportables la plupart des groupes. Cette réflexion m'a conduit à m'interroger sur mon rapport au pouvoir. En étais-je friande, mais dans l'incapacité de le prendre entre autres parce que j'étais une femme mais aussi parce que je manquais de charisme ? Est-ce que je le haïssais par idéologie anarchisante ?

Après avoir essayé de comprendre les raisons individuelles de mon aversion pour les groupes, j'ai tenté une approche plus réfléchie de mon rapport actuel au pouvoir.

D'aussi loin que je me souvienne, j'ai été habitée par une énorme colère. Née juive en 1940, j'ai eu à affronter, à un âge où l'on ressent sans comprendre, la nécessité de se cacher et d'avoir honte de ce que l'on est. Cette révolte s'est étendue à tous ceux qui avaient prêté main-forte aux nazis, activement ou passivement. Elle a aussi atteint ce qui m'apparaissait être un soutien objectif aux forces du mal, l'absence de rébellion apparente dans ma famille qui n'avait qu'une obsession, survivre. Cette volonté bien légitime représentait pour l'adolescente timide mais en ébullition que j'étais dans les années cinquante, le symbole de la lâcheté du monde atroce dans lequel j'étais née.

En me révoltant, je suis entrée en « résistance ». Je suis devenue, à mon insu marginale. On peut être marginal par rapport à un système donné et s'intégrer dans un groupe contestataire. J'ai essayé. Je n'y suis jamais parvenue- à l'exception du MLF sur lequel je reviendrai-.

Dans les carrefours de ma pensée vacillante, il y avait le doute sur la possibilité d'une transformation profonde des rapports entre les êtres humains. Le caractère absurde de la condition humaine me taraudait et je trouvais dans la lecture de Camus la réponse à mes questionnements : Être à la fois révolté si l'on veut vivre debout et conscient de l'inutilité de sa révolte.

Le concept de *peptimiste* inventé par le grand écrivain palestinien Emile Habibi me convenait parfaitement : être suffisamment optimiste pour ne pas renoncer à l'action et suffisamment pessimiste pour douter constamment de la pertinence et de l'utilité de son action.

Pouvoir et doute ne font pas bon ménage. Je n'ai jamais eu ce qu'on appelle le pouvoir. Militante de base, j'ai ainsi pu observer le fonctionnement du pouvoir.

Parmi les groupes auxquels j'avais appartenu, le MLF échappait cependant en partie à ces « tares ». Nous avions été réunies par la passion de la liberté, la haine des hiérarchies. Les journées de la Mutualité en 1972 s'étaient déroulées sans tribune. La parole y avait circulé sans limites dans la salle où nous étions assises en rond. Il n'y avait pas de carte, pas d'adhésion, pas de chefs en tous les cas au début. Chacune pouvait créer son groupe et le faire vivre le temps nécessaire et suffisant. Chacune pouvait inventer ses slogans, ses chansons. Bien sûr, les exclusions et les prises de pouvoir ont fini par exister au MLF, mais pendant deux ou trois ans, nous nous sommes comportées en êtres libres, respectueux de la parole des femmes. Il pouvait donc exister des lieux collectifs où régnaient l'écoute, la parole libre et de « bons chefs ».

Le MLF m'a permis de remettre ensemble les éléments épars de ma personnalité. Si je m'étais sentie presque invisible aux yeux des différents mandarins qui peuplent nos institutions y compris contestataires, c'était aussi parce que j'étais femme. Je pouvais- tout en conservant ma colère originelle- cesser d'être obsédée par cette identité juive qui m'enfermait dans la nécessité du malheur.

Les comportements élémentaires grossiers ou arrogants, négateurs de la personnalité d'autrui sont le commencement d'un processus. Autrement dit, si nous faisons l'hypothèse d'une continuité entre le quotidien et le politique dans tous ses états, c'est tout l'exercice de la démocratie qui est en jeu dans le détail de nos attitudes.

Il n'y a pas de remède connu aux errements de la condition humaine. Le droit, la règle du jeu écrite peuvent dans le meilleur des cas poser des limites aux comportements despotiques, sans les empêcher totalement. Mais dans les couples, les relations amicales, les groupes informels, les associations, il n'existe pas de règles de fonctionnement écrites.

La politesse, par contre, en tant que comportement humain qui reconnaît l'autre, quelle que soit son apparence ou son appartenance comme à priori égal, me paraissait permettre des rapports sociaux plus harmonieux. Cette attitude exclut les catégorisations imbéciles que nous établissons tous. La politesse est une forme qui peut aider à entamer un échange. Grâce à l'écoute, qui entend, au regard qui voit, au sourire qui accueille, nous pouvons tenter de passer de la forme au fond. Et qu'importe s'il s'agit simplement de forme, de tension vers la compréhension d'autrui. C'est un premier pas fondamental.

Mais la politesse trouve rapidement ses limites. Inégalement répartie, parfois méprisante sur le fond, elle ne peut pas résoudre le problème lancinant des dysfonctionnements dans les petits groupes, du couple à l'association caritative en passant par la famille, les colloques, les dîners en ville et même les amitiés, autrement dit tous les obstacles à des relations sociales privées ou publiques satisfaisantes.

La lecture providentielle d'un ouvrage peu connu de Jules Verne, *Les Naufragés du Jonathan*, me fit apparaître de manière encore plus claire deux éléments essentiels : la nécessité de chefs dans certaines situations et l'existence de bons chefs, ces derniers pouvant se définir comme ceux qui agissent pour le meilleur et se retirent quand leur tâche est terminée. Il n'y a pas d'égalité des talents entre les individus. L'autorité positive n'est pas également partagée. Une relation harmonieuse pourrait se définir comme celle où l'on gère les inégalités et les différences, sans les nier.

Le héros de Jules Verne, le Kaw-djer est un anarchiste. « Ni Dieu, ni Maître » est sa devise et pour ne pas avoir à subir l'autorité de qui que ce soit et en premier lieu des lois, il a fui l'Occident pour se réfugier aux confins de la Terre de feu. Il y vit avec les indigènes le plus tranquillement du monde. Un jour, un bateau d'émigrants fait naufrage. Il participe au sauvetage et les survivants s'installent sur ces terres vierges. Peu à peu, le désordre et la zizanie apparaissent entre ces hommes et ces femmes. Des drames individuels, des guerres, des massacres vont l'obliger à sortir de son isolement. On le supplie de devenir chef pour remettre de l'ordre et après bien des hésitations il accepte :

« Eh quoi ! lui, le libertaire, l'homme incapable de supporter aucune contrainte, il était dans le cas d'en imposer aux autres et des lois devaient être édictées par celui qui rejetait toutes les lois ! »

Il rétablit un peu d'harmonie dans la colonie et cette expérience le fait réfléchir sur la lâcheté des hommes :

« qui permet à un petit nombre de dominer une majorité immense, qui crée quelques rares exploiteurs aux dépens d'un troupeau d'exploités. » Et sur la nécessité des lois :

« Ces puissants envers lesquels il s'était montré si sévère ne sont-ils pas des hommes comme les autres ? Pourquoi auraient-ils le privilège d'être imparfaits ? De leur imperfection, n'aurait-il pas dû au contraire, logiquement conclure à celle de tous et n'aurait-il pas dû reconnaître par suite la nécessité de lois et de ceux qui ont pour mission de les faire appliquer. »

Mais il ne supporte pas son statut de chef. Son idéal reste que chacun soit responsable de lui-même et puisse vivre sans nuire à autrui. Il a compris que son rêve n'était pas adapté à la condition humaine. Il se retire au bout du monde seul mais libre.

Le Kaw-djer n'explique pas la lâcheté et la folie des hommes qui les poussent à se faire souffrir mutuellement. Il constate.

S'il est impossible de supporter la vie à deux, comment pouvons-nous prétendre faire société, et qui plus est société démocratique ? Mon hypothèse- qui figure dans l'avant-propos de ce livre- est qu'il existe un fil ténu entre nos comportements élémentaires et les dysfonctionnements sociaux. Nous ne changerons pas le monde, sans mettre à jour cette continuité où chacun d'entre nous est impliqué. Nous devons prendre conscience de nos indélicatesses, de la manière dont nous annulons la parole des autres, de l'arrogance de certains de nos comportements, et contribuer ainsi à changer le premier maillon de cette Chaîne qui va du Je au Nous.

Régine Dhoquois

Pour en finir

Le diable est dans les détails

Notre ouvrage sur la banalité du pouvoir se situe au cœur d'une très ancienne réflexion. Il y a 2500 ans, Socrate en mettant au point la méthode de dialogue rationnelle, caractérisée par l'ironie et l'une des devises de Delphes : *Connais-toi toi-même*, pose les conditions indispensables à tout échange positif.

Au XVIIe siècle, La Rochefoucauld, en insistant sur la vanité humaine, par exemple dans cette maxime : « *Si la vanité ne renverse pas entièrement les vertus, du moins elle les ébranle toutes* », met l'accent sur l'une des raisons essentielles de l'arrogance. Toujours au XVIIe siècle, les Précieuses (pas ridicules du tout) ont tenté à travers le langage et leur carte du Tendre, de civiliser les mœurs brutales du Grand siècle.

Là se joue en effet l'essentiel de la civilisation. Elle n'en finit pas de se construire. Nous sommes encore globalement dans un stade d'arriération relationnelle. Nous ne sommes pas sortis de ce cycle de peur de l'autre, dont l'incarnation symbolique majeure et archétypale est le rapport de l'homme à la femme. Si, comme le dit Marx, c'est là la relation la plus immédiate, naturelle et nécessaire de l'homme à l'homme, alors le féminisme a encore de beaux jours. Il est essentiellement agent de civilisation. Le cœur de cible du féminisme est justement ce travail sur la relation fondatrice, celle de l'homme à la femme, basée sur la domination. L'acte de domination consiste à assigner l'autre au silence. Écouter est un acte de civilisé/e. Il marque la pause qui coupe court à l'agressivité et la violence inhérentes aux rapports du vivant. Il ouvre la voie à l'échange.

Chez les animaux, des codes immuables règlent ces rapports et permettent un certain équilibre. Chez les humains, ils sont remplacés par d'autres règles. À la base de ces règles humaines, il y a toujours l'espace de l'écoute qui implique un temps de silence et de réflexion, où l'on sort de soi pour accueillir les sons de l'autre, un autre son de cloche. Le risque est de se faire déstabiliser par la parole de l'autre. Michel Foucault l'évoque à propos du concept de *parrésia* : « *La parrésia est en deux mots le courage de la vérité chez celui qui parle et prend le risque de dire, en dépit de tout, toute la vérité qu'il pense, mais c'est aussi le courage de l'interlocuteur qui accepte de recevoir comme vraie la vérité blessante qu'il entend.* »[1] On peut courir ce risque quand on a moins peur.

La civilisation a réussi à encadrer cette peur fondamentale et la violence qui va avec. Mais elles se reconstituent, dès que les codes fragiles mis en place sont malmenés. C'est le cas aujourd'hui. Les codes qui régissaient nos relations, dits bourgeois, ont sauté. Des références comme la politesse, le respect, l'écoute, le souci de se faire entendre de l'autre à travers le langage, sont mis à mal. Il ne s'agit pas de nostalgie pour un temps qui serait supposé meilleur. Ces codes, si critiquables qu'ils soient, tentaient d'encadrer les relations entre humains, pour tenir en laisse la peur et la violence sous-jacentes à tout rapport entre vivants.

Certains dans les jeunes générations, obsédés par l'immédiateté, recourent davantage aux onomatopées, apostrophes, invectives à la moindre contradiction - tu me fais chier, tu me gonfles et autres amabilités – qu'au langage construit. Peut-être, à leur insu, ces jeunes accomplissent-ils une partie du chemin vers la *parrésia,* le parler vrai. Mais il ne

---

[1] Le courage de la Vérité, Cours au Collège de France en1984, Ed Gallimard/Le Seuil, Paris, 2009, page 14.

faudrait pas rester au milieu du gué et ignorer l'autre partie : le souci de parler avec l'autre et de se faire comprendre, y compris de ceux qui sont classés dès le premier coup d'œil dans la catégorie des « Autres » avec qui aucun échange ne serait possible.

Le langage est au cœur de l'échange humain. Il oblige à prendre son temps pour formuler sa pensée, à partir de la parole de l'autre. Sa fragilisation est un symptôme de la dégradation de cet échange.

Notre modeste travail oriente sa lampe (de poche) sur ces petits glissements vers une barbarie qui n'a l'air de rien, mais enferme sournoisement chacun d'entre nous dans une alternative sans issue : la frustration de la relation ou celle de la solitude.

CHRONIQUES DES PETITS ABUS DE POUVOIR

Table des matières

Prologue	9
1 Moi, je	15
2 Un certain terrorisme	17
3 Arrogance et soumission	29
4 Des voix autorisées	35
5 Ce qu'il en coûte	39
6 Un couple libre	49
7 Hétaïra ou la loi de l'offre et de la demande	55
8 Une étrange dépendance	63
9 Les experts	69
10 Les (faux) amis	75
11 La fête des voisins	79
12 L'arrogance des sous-fifres	85
13 Terrain glissant	91
14 La conquête de l'espace	95
15 La mare aux mondains	99
16 Brève histoire des Femmes en Noir de Paris	105
17 Une commission sans amendements	111
18 Silences et concessions	121
19 Voyages, voyages	125
20 Se tenir par la main	133
21 Les tribulations d'une retraitée	137
22 Survivre à ses vieux parents	143
23 Renoncer ?	147
24 Un bon chef	153
25 Nous et le pouvoir	161
1. Se dessaisir (Anne Zelensky)	161
2. Je n'aime pas le pouvoir et c'est réciproque (Régine Dhoquois)	167
Pour en finir	173

Pour en finir : le diable est dans les détails

Précédents ouvrages des auteures :

Régine Dhoquois

- *Le droit capitaliste du travail,* collectif avec F. Collin, Ph. Gouttiere, A.Jeammaud, G. Lyon-Caen, PUG, Grenoble, 1980
- *Appartenance et exclusion,* L'Harmattan, Paris, 1989
- *La Politesse* (Dir), Autrement, Coll Morales, Paris, 1991
- *Jérusalem ville ouverte,* Dir avec G. Hintlian et Sh. Elbaz, L'Harmattan, Les Cahiers de Confluences, Paris 1997
- *Le Droit,* Coll. Idées reçues, Le Cavalier Bleu, Paris, 2002
- *La Méditerranée des juifs,* Exodes et enracinements, dir avec P. Balta et C. Dana, L'Harmattan, Les Cahiers de Confluences, Paris 2003
- *Le militant contradictoire,* (avec Guy Dhoquois), L'Harmattan, Paris, 2004.
- *Israël : l'enfermement.* (Dir), Revue Confluences méditerranée, L'Harmattan, N° 54, été 2005

- *Maternité esclave*, Les Chimères, ouvrage collectif 10/18, 1975
- *Histoires du MLF*, sous le pseudo Anne Tristan, avec Annie de Pisan, Calmann-Lévy, Paris, 1977
- *Histoires d'amour*, Anne Tristan, Calmann-Lévy, Paris, 1979
- *Le Harcèlement sexuel- Scandale et réalités*, avec Mireille Gaussot, Ed du Rocher, Paris, 1986
- *Histoire de vivre – Mémoires d'une féministe*, Calmann-Lévy, Paris, 2005

L'HARMATTAN, ITALIA
Via Degli Artisti 15 ; 10124 Torino

L'HARMATTAN HONGRIE
Könyvesbolt ; Kossuth L. u. 14-16
1053 Budapest

L'HARMATTAN BURKINA FASO
Rue 15.167 Route du Pô Patte d'oie
12 BP 226
Ouagadougou 12
(00226) 76 59 79 86

ESPACE L'HARMATTAN KINSHASA
Faculté des Sciences Sociales,
Politiques et Administratives
BP243, KIN XI ; Université de Kinshasa

L'HARMATTAN GUINÉE
Almamya Rue KA 028
En face du restaurant le cèdre
OKB agency BP 3470 Conakry
(00224) 60 20 85 08
harmattanguinee@yahoo.fr

L'HARMATTAN CÔTE D'IVOIRE
M. Etien N'dah Ahmon
Résidence Karl / cité des arts
Abidjan-Cocody 03 BP 1588 Abidjan 03
(00225) 05 77 87 31

L'HARMATTAN MAURITANIE
Espace El Kettab du livre francophone
N° 472 avenue Palais des Congrès
BP 316 Nouakchott
(00222) 63 25 980

L'HARMATTAN CAMEROUN
Immeuble Olympia face à la Camair
BP 11486 Yaoundé
(237) 458.67.00/976.61.66
harmattancam@yahoo.fr

L'HARMATTAN SÉNÉGAL
« Villa Rose », rue de Diourbel X G, Point E
BP 45034 Dakar FANN
(00221) 33 825 98 58 / 77 242 25 08
senharmattan@gmail.com

16044 - décembre 2010
Achevé d'imprimer par